MAPLE RIDGE SECONDARY SCHOOL

DATE	NAME	

MAPLE HILL JR. SECONDARY SCHOOL	
NAME	DATE

ÇA MARCHE! 1

Helen Coltrinari

Polly Dobie

John Erskine

Susan Howell

Jocelyne Hullen

Roméo Lemieux

Léo-James Lévesque

Stephanie Rincker

PEARSON

Addison
Wesley

Légende :

Culture

Parlons!

Écoutons!

Lisons!

Écrivons!

Regardons!

Conseillers de la série : Helen Coltrinari, Anne Curry, John Erskine

Directrice du département de français langue seconde : Susan Howell

Directrices de la rédaction : Anita Reynolds MacArthur, Caroline Kloss

Rédacteurs : Gina Boncore Crone, Kathleen Bush, Elaine Gareau, Andria Long, John Niedre, Carol Wells

Directrice du marketing : Cheryl McCarron

Production / Rédaction : Nadia Chapin, Louise Cliche, Marie Cliche, Tanjah Karvonen, Adele Reynolds, Lisa Santilli

Révision linguistique : Daniel Soha, Christiane Roguet et Édouard Beniak

Coordonnatrice : Sandra Magill, Helen Luxton

Conception graphique : Zena Denchik, Monica Kompter, Pronk&Associates

Image de couverture : Steve Craft © Masterfile

Photographie : Ray Boudreau

Recherche photographique : Marie Cliche, Karen Taylor, Alene McNeill, Paulee Kestin

Conception vidéo : Doug Karr – Human Scale Productions; Marie-Bernadette Villemaire et Mark Karbusicky

Production audio : France Gauthier – Les productions Hara; Lorne Green – Producers' Choice Studio, Claude Michel, Louise Naubert

Remerciements

Nous tenons à remercier tous les enseignants et les réviseurs pour leur contribution à ce projet. Nous voulons également remercier les jeunes qui ont participé à l'enregistrement de nos disques compacts et de notre vidéo.

ISBN 0-321-18976-0

Imprimé aux États-Unis
ABCDEF   VHP   10 09 08 07 06 05

ÇA MARCHE! 1

PEARSON
Addison
Wesley

Table des *matières*

Une image vaut mille mots!

Des amis pour la vie!

**Qu'est-ce que
vous aimez manger?**

Quelles sont vos attractions préférées?

Faites de bons choix!

Quel masque représente votre personnalité?

MÉMO-PHOTOS

Comme projet final, tu vas...

▨ créer une toile de photos qui te représente;

▨ faire une description de tes photos par écrit;

▨ présenter ta toile de photos à la classe;

▨ participer à un jeu pour mieux connaître les élèves de ta classe.

Pour réussir, tu vas...

▨ exprimer tes préférences;

▨ poser des questions pour découvrir les préférences des élèves de ta classe;

▨ écouter des adolescents francophones exprimer leurs préférences;

▨ lire un texte pour mieux connaître les adolescents francophones dans d'autres pays;

▨ choisir des photos qui représentent tes préférences;

▨ apprendre à utiliser des stratégies d'interaction orale.

1 Est-ce que tu as des photos?

- De qui? De quoi?

2 Regarde ces photos.

- Qu'est-ce qu'on voit sur ces photos?

- Où est-ce qu'on trouve ces photos?

3 Quelles sont tes photos préférées?

- Complète l'activité dans le carnet et discute des résultats.

> **Mon carnet** pp. 9–10

STRATÉGIES
d'interaction orale

■ Je prends des risques. Je fais des efforts pour parler français.

■■■ **Guide de la communication** pp. 178–179

A

B

C

Ça

commence!

D

E

F

ZOOM

Tu vas créer une toile de photos qui te représente et tu vas participer à un jeu pour mieux connaître les élèves de ta classe.

1 Au cours de cette unité, tu vas parler de tes préférences et poser des questions sur les préférences des élèves de ta classe.

2 Aussi, tu vas choisir des photos qui représentent tes préférences.

3 Tu vas faire une description de tes photos par écrit.

sur le projet!

4 Puis, tu vas faire la mise en pages de ta toile de photos.

5 Ensuite, tu vas présenter ta toile de photos à la classe.

6 Enfin, tu vas participer à un jeu interactif.

Pour plus de renseignements, visite notre site web à :
www.pearsoned.ca/camarche

1 Regarde ces photos de famille.

- Qui est-ce qu'on voit sur ces photos?

- Qu'est-ce qu'on voit sur ces photos?

2 Les quatre ados au bas de la page écrivent des courriels accompagnés d'une photo.

- Lis les courriels dans le carnet.

- Quelle photo va avec chaque courriel?

> **Mon carnet** pp. 12–13

STRATÉGIE
de lecture

■ Je regarde les images.

3 Où parle-t-on français au Canada? Consulte la page 27 du livret.

ZOOM
sur le projet!

....

Voici mon chien Milou.

Toute ma famille adore Milou.

....

> **Mon carnet** pp. 6–8

A

B

Julie

Solan

Dalhous

Timmins

Mes photos, c'est moi...

C

D

E

André

Falher

Dan

Gravelbourg

1 Qu'est-ce que tu aimes manger et boire?

2 Regarde ces photos.

• Qu'est-ce que ces ados aiment manger et boire?

3 Écoute ces ados parler de ce qu'ils aiment manger et boire à une fête. Vérifie tes prédictions.

> **Mon carnet** pp. 15–16

STRATÉGIE
d'écoute

■ J'utilise mes expériences personnelles.

4 Pour plus d'information sur ces plats, consulte la page 26 du livret.

ZOOM
sur le projet!

J'aime les gaufres.

J'aime manger des desserts.

> **Mon carnet** pp. 6–8

La nourriture

J'adore les desserts!

Ça fait fête!

Ça, c'est bon!

Bon appétit!

Comment ça marche?

Pour exprimer les préférences...

Je **préfère** les fruits de mer.

J'**adore** cette voiture de sport.

Il **aime** le jus d'orange.

Elle **déteste** le soleil.

Je **préfère manger** des desserts.

J'**aime manger** de la poutine.

Il **aime boire** du lait.

Elle **déteste manger** des desserts au chocolat.

la voiture de sport

 Quelles sont les différences entre les mots en vert dans ces deux groupes de phrases?

les fruits de mer

APPLICATION

Fais une liste de trois choses que tu aimes. Fais une autre liste de trois choses que tu aimes manger ou boire. En groupe, échangez vos listes oralement. Qu'est-ce que vous avez en commun?

Guide de la communication
pp. 178–179

la poutine

Pour poser des questions...

le jus d'orange

Est-ce que tu préfères les fruits de mer?

Est-ce que tu adores cette voiture de sport?

Est-ce qu'il aime le jus d'orange?

Est-ce qu'elle déteste le soleil?

Est-ce que tu préfères manger des desserts?

Est-ce que tu aimes manger de la poutine?

Est-ce qu'il aime boire du lait?

Est-ce qu'elle déteste manger des desserts au chocolat?

 Compare ces questions aux phrases à la page 16. Qu'est-ce qui change? Pourquoi?

les chevaux

APPLICATION

En groupe, participez à une chaîne orale.

Élève n° 1 : J'aime le chocolat.

Élève n° 2 : Est-ce que tu aimes le chocolat?

Élève n° 3 : Non, je préfère le sushi.

Élève n° 4 : Est-ce que tu préfères le sushi?

Élève n° 5 : Non…

> **Mon carnet** pp. 17–18

Guide de la communication pp. 178–179

TRANSFERT Pense à d'autres situations où on pose des questions sur les préférences de quelqu'un.

Langue express p. 171

1 Identifie les activités de loisir sur ces photos.

2 Fais un sondage pour savoir combien d'élèves dans ta classe aiment faire ces activités.

3 Selon toi, qu'est-ce que les ados en France aiment faire pendant leur temps libre? Lis le sondage pour vérifier tes prédictions.

> **Mon carnet** p. 19

STRATÉGIES
de lecture

■ Je regarde les images.
■ Je lis les titres.

4 Quels sports est-ce que les ados d'autres pays francophones aiment faire? Consulte la page 26 du livret.

ZOOM
sur le projet!

J'aime jouer à des jeux vidéo.
J'adore faire du patin à roues alignées.

> **Mon carnet** pp. 6–8

Activités

A

D

de loisir

B

C

F

G

1 Selon toi, qu'est-ce qu'il y a sur une photo extraordinaire?

2 Regarde les photos sur ces pages. Qu'est-ce qu'il y a sur ces photos?

3 Lis les descriptions dans le carnet. Quelle photo correspond à chaque description?

> **Mon carnet** pp. 22–23

STRATÉGIES
de lecture

■ Je regarde les images.
■ Je lis les titres.

4 Pour plus d'informations sur l'évolution de la photographie, regarde la vidéo, puis consulte la page 27 du livret.

ZOOM
sur le projet!

Sur cette photo, il y a une soucoupe volante.

Sur cette photo, on voit des montagnes russes.

> **Mon carnet** pp. 6–8

Des phot

A

B

Et aujourd'hui?

Aujourd'hui, nous pouvons capter toutes sortes d'événements extraordinaires grâce à la photographie. Avec nos appareils photo personnels, nous sommes tous des photographes! Quand nous le voulons, nous pouvons prendre des photos des événements qui marquent notre vie.

extraordinaires

Avec la technologie moderne, les possibilités semblent illimitées. Quoi d'autre d'extraordinaire est-ce qu'on peut faire avec la technologie photographique d'aujourd'hui?

Sur cette photo, on voit des ados sur des montagnes russes. Sur les photos d'autrefois, on ne peut pas voir clairement les objets en mouvement. De nos jours, il est possible de capter le mouvement.

Comment ça marche?

Pour exprimer les préférences

la planche à voile

le vélo de montagne

Pour répondre aux questions...

Est-ce que tu détestes le chocolat?

Oui, je déteste le chocolat.

Non, je **ne** déteste **pas** le chocolat.

Est-ce qu'elle aime les chevaux?

Oui, elle aime les chevaux.

Non , elle **n'**aime **pas** les chevaux.

Est-ce que tu aimes faire du karaté?

Oui, j'aime faire du karaté.

Non , je **n'**aime **pas** faire du karaté.

Est-ce qu'il aime jouer au hockey?

Oui, il aime jouer au hockey.

Non , il **n'**aime **pas** jouer au hockey.

Regarde les questions. Qu'est-ce que tu remarques?

Regarde les réponses. Comment sont les réponses affirmatives? les réponses négatives?

APPLICATION

Regarde les photos sur cette page. Demande à un ou une partenaire s'il aime ou si elle aime faire du vélo, de la planche à voile ou de la motoneige. Ensuite, changez de rôle.

> **Mon carnet** pp. 25–26

Langue express p. 168

la motoneige

Entrevue
avec une infographiste

A

1 Quelles sont les différences entre les deux mises en pages?

2 Regarde la vidéo. Quels éléments utilise l'infographiste pour créer une mise en pages originale?

B

3 Quelle mise en pages est-ce que tu préfères? Utilise les idées de la vidéo pour préparer une toile de photos originale.

STRATÉGIE
pour regarder une vidéo

■ J'utilise le contexte.

1 Prépare et présente la description de ta toile de photos.

> **Mon carnet** pp. 6–8

STRATÉGIE
d'écriture

■ J'utilise le dictionnaire et d'autres ressources.

2 Regarde la vidéo pour vérifier tes observations.

STRATÉGIE
pour bien parler...

■ J'utilise de nouveaux mots et de nouvelles expressions.

3 Connais-tu les préférences de tes camarades de classe? Participe à un jeu interactif.

■■ **Guide de la communication** pp. 178–179

STRATÉGIES
d'interaction orale

■ Je prends des risques. Je fais des efforts pour parler français.

■ Je pose des questions quand je ne comprends pas.

Le pro

t final

Pour plus de renseignements,
visite notre site web à :
www.pearsoned.ca/camarche

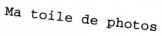

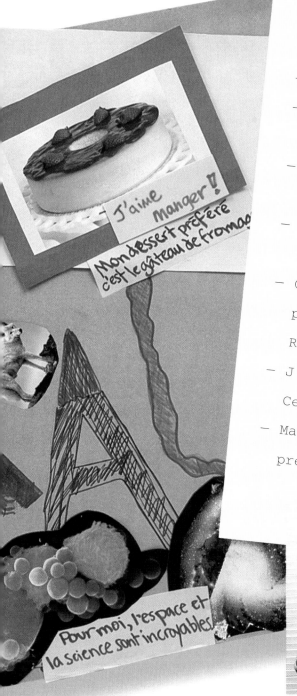

Ma toile de photos

— Regardez ma toile de photos.

— Sur cette photo, on voit mon animal préféré — le loup.

— Ces photos représentent des motos de piste. J'adore la moto.

— Sur cette photo, il y a un dessert. J'aime beaucoup les desserts.

— On voit ma chienne Luna sur cette photo. C'est l'anniversaire de Luna. Regardez son gâteau!

— J'aime beaucoup la science et l'espace. Ces deux photos sont extraordinaires.

— Ma toile représente bien ma vie et mes préférences.

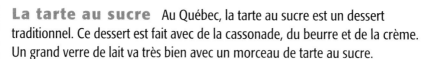

Quelques plats traditionnels

La tarte au sucre Au Québec, la tarte au sucre est un dessert traditionnel. Ce dessert est fait avec de la cassonade, du beurre et de la crème. Un grand verre de lait va très bien avec un morceau de tarte au sucre.

Les gaufres En Belgique, les gaufres sont un dessert ou un goûter. Sur les gaufres, on peut mettre du sucre glacé, de la crème fouettée et des fraises. Les Belges ne mangent pas de gaufres pour le petit-déjeuner! On boit souvent du chocolat chaud avec les gaufres.

La fondue au fromage En Suisse, la fondue est souvent un plat de fête. On met du pain sur une longue fourchette, puis on trempe le pain dans le fromage fondu. On peut parler et s'amuser pendant ce repas. Pour faciliter la digestion, il est bon de boire du thé chaud avec la fondue.

Les sports populaires
dans des pays francophones

Haïti À Haïti, les filles et les garçons aiment jouer au soccer.

La Martinique À la Martinique, les filles et les garçons aiment jouer au rugby.

La Suisse En Suisse, les filles et les garçons aiment jouer au basket-ball. Ils aiment aussi faire du ski alpin.

Le Sénégal Au Sénégal, les filles et les garçons aiment jouer au soccer. Le sport traditionnel au Sénégal, c'est la lutte.

le ski alpin

à la carte

Les frères Lumière

Louis et Auguste Lumière sont des inventeurs très créatifs. En 1894, pendant la nuit, ils inventent un appareil avec un mécanisme qui fait avancer le film. Résultat : des photos qui bougent! Ils sont aussi les premiers à montrer leurs films en public. C'est comme ça que le cinéma est né!

Province	Population	Nombre de francophones	Nombre de personnes bilingues
1. l'Alberta	2 941 150	1 890	202 905
2. la Colombie-Britannique	3 868 875	1 815	269 360
3. l'Île-du-Prince-Édouard	133 385	95	15 990
4. le Manitoba	1 103 700	1 245	102 840
5. le Nouveau-Brunswick	719 710	66 415	245 865
6. la Nouvelle-Écosse	897 565	790	90 265
7. l'Ontario	11 285 550	42 305	1 319 720
8. le Québec	7 125 580	3 831 350	2 907 700
9. la Saskatchewan	963 155	355	49 000
10. Terre-Neuve-et-Labrador	508 075	145	20 895
11. les Territoires du Nord-Ouest	37 105	35	3 130
12. le Territoire du Yukon	28 525	50	2 890
13. le Nunavut	26 665	25	1 015

Source : Recensement de 2001, Statistiques Canada

le Canada

SALUT, MES AMIS!

Comme projet final, tu vas...

■ préparer, en groupes, une émission tribune sur l'amitié;

■ exprimer tes opinions sur les qualités d'un(e) ami(e) ou d'une célébrité;

■ parler de situations positives et négatives entre amis;

■ décrire un voyage de rêve entre amis.

Pour réussir, tu vas...

■ écouter des ados parler de leurs amis;

■ poser des questions pour connaître les opinions des camarades de ta classe;

■ donner des conseils à des ados sur leurs amis;

■ écouter des ados parler de leurs voyages de rêve;

■ lire des profils de célébrités;

■ écrire ton code de l'amitié.

1 Qui sont tes amis?

- Depuis combien de temps connais-tu ces personnes?

> **Mon carnet** p. 32

2 Regarde ces exemples d'amitié.

- Quels types d'amitié sont représentés?

3 Est-ce que tes amis changent avec l'âge? Comment?

> **Mon carnet** p. 33

STRATÉGIE
d'interaction orale

■ Je donne mon opinion et je respecte les opinions des autres.

4 Quelles sont les provinces d'origine des ados de la photo E? Pour plus de renseignements, consulte la page 52 du livret.

C

D

E

F

ZOOM

En groupes, vous allez préparer une émission appelée *À vous la parole!* pour exprimer vos opinions sur l'amitié.

1 En premier, vous allez décrire les qualités d'un(e) ami(e) idéal(e).

2 Puis, vous allez identifier une personne célèbre que vous admirez.

3 Après, vous allez raconter des situations positives et négatives entre amis.

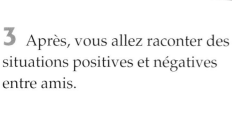

sur le projet!

4 Vous allez décrire un voyage de rêve entre amis.

5 Puis, vous allez préparer et produire votre émission tribune.

6 Enfin, vous pouvez montrer votre vidéo à une autre classe.

Pour plus de renseignements, visite notre site web à :
www.pearsoned.ca/camarche

1 Quelles qualités est-ce que tu apprécies chez tes amis?

> **Mon carnet** p. 34

2 Écoute l'émission ligne ouverte pour connaître les qualités des ados sur ces pages.

> **Mon carnet** p. 35

STRATÉGIES
d'écoute

■ J'écoute une première fois pour comprendre le sens général.

■ J'écoute de nouveau pour trouver des informations précises.

3 Participe à un jeu pour découvrir les qualités des amis.

ZOOM
sur le projet!

Mon amie idéale est compréhensive. Elle écoute mes problèmes.

> **Mon carnet** p. 29

Les qual

s de nos amis!

C

D

E

1 Dans quels domaines est-ce que ces personnes sont célèbres?

2 Lis les profils pour confirmer tes prédictions.

> **Mon carnet** pp. 36–37

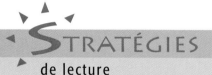

STRATÉGIES
de lecture

- ■ J'identifie le contexte.
- ■ Je cherche des mots familiers.

3 Imagine que tu peux avoir une célébrité comme ami(e). Laquelle choisis-tu? Pourquoi?

4 Quelles célébrités sur ces pages sont francophones? Fais des recherches pour en savoir plus.

ZOOM
sur le projet!

....

Gilles Villeneuve est calme, charmant et sincère. Le public adore Gilles.

....

> **Mon carnet** p. 29

Amis

Gilles Villeneuve

En 1978, Gilles Villeneuve est le premier Canadien gagner le Grand Prix canadien de course automobile, Formule 1. Dans sa courte carrière, il gagne six Grands Prix. Gilles Villeneuve aime prendre des risques. Il es agressif dans sa Ferrari rouge, mais dans la vie il est calme, charmant et sincère. Le public adore Gilles. En 1982, il meurt dans un accident.

Julie Payette

Julie Payette est très sportive. Elle fait de la plongée sous-marine et du ski. C'est une scientifique et une pilote d'avion exceptionnelle. Aventureuse, elle devient astronaute! Elle participe à la mission spatiale de NASA, à bord de la navette *Discovery*. Julie est la première Canadienne à participer à l'assemblage d'une station spatiale.

Grégory Charles

Grégory Charles est un animateur très apprécié à la télévision. C'est aussi un excellent musicien. Très généreux avec son talent, Grégory travaille avec les jeunes comme directeur musical. Ses chorales ont une réputation internationale. Il est aussi pacifiste. Il veut que les jeunes grandissent dans un monde sans violence.

Shania Twain

Eileen Edwards vient d'une famille très musicienne. Elle est déterminée. À 21 ans, elle perd ses parents dans un accident d'auto et s'occupe de ses frères et sœurs. En respectant son origine, elle change son nom à Shania Twain pour honorer son beau-père ojibwé. Shania possède un talent extraordinaire mais elle est modeste.

Comment ça marche?

Les adjectifs

A Pour décrire un ou une ami(e)…

Il est **énergique**.	Elle est **énergique**.
Il est **drôle**.	Elle est **drôle**.
Il est **intelligent**.	Elle est **intelligente**.
Il est **bavard**.	Elle est **bavarde**.
Il est **sérieux**.	Elle est **sérieuse**.
Il est **courageux**.	Elle est **courageuse**.
Il est **actif**.	Elle est **active**.
Il est **créatif**.	Elle est **créative**.

Regarde les adjectifs. Qu'est-ce qui change? Pourquoi?

Micha

Meredith et Mia

Max

B Pour décrire des amis…

Ils sont **énergiques**.   Elles sont **énergiques**.

Ils sont **drôles**.   Elles sont **drôles**.

Riccardo et Sam

Ils sont **intelligents**.   Elles sont **intelligentes**.

Ils sont **bavards**.   Elles sont **bavardes**.

Ils sont **sérieux**.   Elles sont **sérieuses**.

Ils sont **courageux**.   Elles sont **courageuses**.

Ils sont **actifs**.   Elles sont **actives**.

Ils sont **créatifs**.   Elles sont **créatives**.

Éric et Rosanne

 Regarde les adjectifs. Qu'est-ce que tu remarques?

APPLICATION

Demande à un ou une partenaire d'identifier les qualités
que possèdent ces ados. Ensuite, changez de rôle.
Choisissez des adjectifs sur ces pages.

– Quelle qualité possède Anne?

– D'après moi, elle est…

– Quelle qualité possèdent Riccardo et Sam?

– Selon moi, ils sont…

> **Mon carnet** pp. 38–39

▓▓ **Langue express** p. 161

Anne

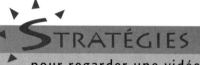

1 Regarde ces images tirées de l'émission *La tolérance, ça fait des amis!*

- Qu'est-ce qui se passe dans les images?

2 Regarde l'émission. En groupes, trouvez des solutions aux problèmes présentés dans l'émission.

> **Mon carnet** p. 41

STRATÉGIES
pour regarder une vidéo

■ J'écoute l'intonation et le ton de la voix.

■ Je regarde les images pour avoir des idées.

3 Que veut dire *La tolérance, ça fait des amis?* Pour plus de renseignements, consulte la page 52 du livret.

ZOOM
sur le projet!

J'aime ça quand il comprend.

Il emprunte toujours mes CD à moi. Ça m'embête.

> **Mon carnet** p. 30

La tóléran

ça fait des amis!

C

D

Comment ça marche?

Les adjectifs possessifs

A Pour parler des possessions d'une personne...

J'ai **un** jeu vidéo.	→	C'est **mon** jeu vidéo.
J'ai **une** calculatrice.	→	C'est **ma** calculatrice.
J'ai **des** devoirs.	→	Ce sont **mes** devoirs.

une fête

Tu as **un** ballon de basket.	→	C'est **ton** ballon de basket.
Tu as **une** guitare.	→	C'est **ta** guitare.
Tu as **des** réponses.	→	Ce sont **tes** réponses.

Elle a **un** problème.	→	C'est **son** problème.
Il a **une** matière préférée.	→	C'est **sa** matière préférée.
Elle a **des** bonbons.	→	Ce sont **ses** bonbons.

une équipe

Attention!

J'ai **une** opinion.	→	C'est **mon** opinion.
Tu as **une** amie.	→	C'est **ton** amie.
Il a **une** activité.	→	C'est **son** activité.

 **Lis les groupes de phrases.
Qu'est-ce que tu remarques?**

des devoirs

APPLICATION

Avec un ou une partenaire, regardez les images. Posez des
questions pour déterminer qui possède ces choses. Suivez
les modèles.

un problème

– C'est **mon** problème?	– C'est **ton** problème?	– C'est le problème **de Chris**?
– Oui, c'est ton problème.	– Oui, c'est mon problème.	– Oui, c'est son problème.

B Pour parler des possessions de plusieurs personnes...

Nous avons **un** jeu vidéo. → C'est **notre** jeu vidéo.

Nous avons **des** jeux vidéo. → Ce sont **nos** jeux vidéo.

Vous avez **une** bicyclette. → C'est **votre** bicyclette.

Vous avez **des** copains. → Ce sont **vos** copains.

Ils ont **une** activité. → C'est **leur** activité.

Ils ont **des** activités. → Ce sont **leurs** activités.

 Compare les deux groupes de phrases. Qu'est-ce que tu remarques?

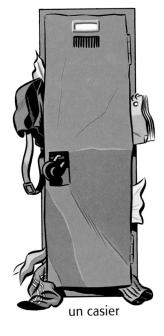
un casier

APPLICATION

Répétez la même activité de la page 42. Suivez ces modèles.

– C'est notre problème, **à toi et à moi**?

– Oui, c'est notre problème.

– C'est notre problème, **à Chris et à moi**?

– Oui, c'est votre problème.

– C'est le problème de **Micha et de Laura**?

– Oui, c'est leur problème.

> **Mon carnet** pp. 42–43

■■■ **Langue express** p. 160

 TRANSFERT Fais un sondage et en groupes jouez à un jeu de mémoire pour parler de tes préférences et des préférences de tes camarades.

1 Qu'est-ce que tu aimes faire avec tes amis?

> **Mon carnet** p. 44

2 Où est-ce que ces ados rêvent d'aller?

3 Lequel de ces endroits t'intéresse?

- Écoute ces ados parler de leur choix.

> **Mon carnet** p. 45

STRATÉGIES
d'écoute

■ J'écoute une première fois pour comprendre le sens général.

■ J'écoute de nouveau pour trouver des informations précises.

4 Pour plus de renseignements sur ces endroits, consulte les pages 52–53 du livret.

ZOOM
sur le projet!

On va en Louisiane.

On fait une croisière sur le Mississippi.

> **Mon carnet** p. 31

Voyages

A

LE SÉNÉGAL

de rêve!

B

La région du Saguenay-Lac-Saint-Jean au Québec

C

La Nouvelle-Orléans
en Louisiane

Comment ça marche?

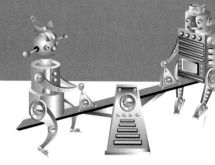

Pour parler d'une destination...

Où est-ce que tu **vas**?	Je **vais** chez moi.
Où est-ce qu'il **va**?	Il **va** au chalet.
Où est-ce qu'elle **va**?	Elle **va** au restaurant.
Où est-ce qu'on **va**?	On **va** dans les montagnes.
Où est-ce que vous **allez**?	Nous **allons** au Lac-Saint-Jean.
Où est-ce qu'ils **vont**?	Ils **vont** au chalet.
Où est-ce qu'elles **vont**?	Elles **vont** au restaurant.

Regarde les verbes. Quelles sont les deux formes du verbe *aller* qui suivent la règle des verbes réguliers?

le lac Louise en Alberta

Marble Mountain à Terre-Neuve

la raquette

le vélo de montagne

Pour décrire une activité...

Qu'est-ce que tu **fais**?   Je **fais** ma valise.

Qu'est-ce qu'il **fait**?   Il **fait** de la pêche.

Qu'est-ce qu'elle **fait**?   Elle **fait** une liste.

Qu'est-ce qu'on **fait**?   On **fait** de la voile.

Qu'est-ce que vous **faites**?   Nous **faisons** de la plongée sous-marine.

Qu'est-ce qu'ils **font**?   Ils **font** du magasinage.

Qu'est-ce qu'elles **font**?   Elles **font** de la natation.

 Regarde les verbes. Qu'est-ce que tu remarques?

APPLICATION

Nomme une destination et demande à ton ou ta partenaire de penser à une activité pour cet endroit. Commencez avec les destinations montrées sur ces pages. Ensuite, changez de rôle.

– Je vais à Marble Mountain. Qu'est-ce que je fais?

– Tu fais de la raquette.

Maintenant, nomme une activité que tu fais avec tes amis et demande à ton ou ta partenaire de penser à une destination pour cette activité. Ensuite, changez de rôle.

– Nous faisons du canot. Où est-ce que nous allons?

– Nous allons au lac Louise.

> **Mon carnet** pp. 46–47

■■■ **Langue express** p. 170

1 Qu'est-ce que tu fais pour te protéger sur Internet?

2 Regarde ces courriels et ces images. Où est-ce que ces ados habitent?

3 Lis ces courriels pour avoir plus de renseignements.

> **Mon carnet** p. 48

de lecture

■ J'identifie le contexte.
■ Je cherche des mots familiers.

4 Écris un courriel à un(e) correspondant(e) francophone.

> **Mon carnet** p. 49

5 Qu'est-ce que *sn* veut dire dans l'adresse du courriel de Oumar? Consulte la page 53 du livret.

ZOOM
sur le projet!

On fait des sports d'hiver.
Oui, je vais à l'arrivée du rallye!

> **Mon carnet** p. 31

Nos am

A

De: sabrinarivard@sympleco.ca
Date: le 13 janvier
À: samdoucet@yoohoo.com
Objet: Je me présente

Salut Samantha,

Je suis contente d'être ta correspondante! J'ai treize ans et j'habite au Manitoba. Je parle français et anglais. Ici, en hiver, il fait très froid et il y a toujours beaucoup de neige. On fait des sports d'hiver. Et toi qu'est-ce que tu fais?

Écris-moi vite!

Sabrina

B

De: samdoucet@yoohoo.com
Date: le 19 janvier
À: sabrinarivard@sympleco.ca
Objet: Ma journée typique

Bonjour Sabrina,

Eh bien, moi aussi j'ai treize ans et moi aussi je parle français et anglais. Ici, en Louisiane, il ne fait pas très froid. Il y a la rivière Mississippi et beaucoup de bayous. D'habitude je me lève à sept heures du matin. Je prends mon petit-déjeuner et je vais à l'école en autobus. Après l'école, mes amies et moi, nous allons au centre d'achats, nous faisons du sport ou nous écoutons de la musique.

À bientôt,

Samantha

d'ailleurs

D

De:	oumarsoukou@cyber.sn
Date:	le 12 janvier
À:	yannickménard@sympleco.ca
Objet:	Le rallye Paris-Dakar

Salut Yannick,

Tu as raison. Dakar est célèbre pour le rallye mais c'est aussi la capitale du Sénégal. Oui, je vais à l'arrivée du rallye! Il arrive à Dakar le 18 janvier! Il y a des autos, des motos et des camions dans le rallye. Moi, ce sont les motos qui m'intéressent. On fait la traversée du désert à moto! Impossible, non?

À bientôt,

Oumar

P.S. Je t'envoie des photos.

C

De:	yannickménard@sympleco.ca
Date:	le 11 janvier
À:	oumarsoukou@cyber.sn
Objet:	Le rallye Paris-Dakar

Salut Oumar,

J'habite à Moncton au Nouveau-Brunswick. J'adore les automobiles. Mon oncle fait souvent des rallyes et quelquefois je vais avec lui. Tu as de la chance! Dakar est célèbre pour le rallye Paris-Dakar. Est-ce que tu vas voir l'arrivée du rallye des fois? C'est une course incroyable, non?

À la prochaine,

Yannick

1 Regarde l'image.

- Qu'est-ce que tu vois?

- Que font ces ados?

2 Regarde le modèle du projet final sur vidéo.

- Quels autres éléments remarques-tu?

3 En groupes, préparez et produisez votre propre émission *À vous la parole!*

d'écriture

■ J'utilise de nouveaux mots et de nouvelles expressions.
■ Je vérifie mon texte.

pour bien parler

■ Je regarde l'auditoire.
■ Je me corrige si je fais des erreurs.

4 Écoute les émissions de tes camarades et choisis ton segment préféré.

> **Mon carnet** p. 50

John : *Moi, je choisis Jordin Tootoo comme ami. C'est un athlète très déterminé.*

Pour plus de renseignements, visite notre site web à : **www.pearsoned.ca/camarche**

Christine : *Dans mon voyage de rêve, je vais à Tahiti avec ma meilleure amie, Céline. Nous faisons de la plongée sous-marine pour voir des poissons magnifiques.*

Paolo : *J'aime ça quand mes amis me téléphonent ou m'envoient un courriel… Mais ça m'embête quand ils ne répondent pas à mes messages.*

51

Échanges jeunesses

Ces ados francophones viennent de Drummondville au Québec et de St. Paul en Alberta. Ensemble, ils découvrent le Parlement du Canada. Les *Rendez-vous de la Francophonie* proposent des échanges aux jeunes de différentes communautés au Canada. Plus de mille ados y participent chaque année.

ANNÉE DES NATIONS UNIES

I tolerance

La tolérance, ça fait des amis!

La tolérance est le respect, l'acceptation et l'appréciation des cultures de notre monde. C'est la tolérance qui rend la paix possible. Alors, si on vit en montrant de la tolérance tous les jours, on peut se faire beaucoup d'amis! L'UNESCO (l'organisation des Nations Unies pour l'éducation, la science et la culture) a lancé un concours international d'affiches en 1995 pour célébrer l'Année des Nations Unies pour la Tolérance. Voici une des affiches gagnantes.

les États-Unis

la Louisiane

la Nouvelle-Orléans

La Nouvelle-Orléans en Louisiane

La Nouvelle-Orléans se trouve en Louisiane. Beaucoup d'habitants sont d'origine francophone. Dans le Quartier français, les touristes écoutent du jazz et mangent bien dans les nombreux restaurants. Le carnaval du Mardi Gras est spectaculaire. Le bateau à aubes et une visite au vieux cimetière sont aussi très appréciés.

à la carte

Pour plus de renseignements,
visite notre site web à :
www.pearsoned.ca/camarche

Le Sénégal en Afrique

Le Sénégal est un pays idéal pour voir les animaux d'Afrique comme le lion, l'hippopotame, le léopard et la gazelle. Dakar est la capitale du Sénégal. Dakar est célèbre à cause du rallye Paris-Dakar. Chaque année, au mois de janvier, ce rallye commence en France et se termine à Dakar. Des autos, des motos et des camions y participent.

La région du Saguenay-Lac-Saint-Jean au Québec

C'est une vaste région unique et magnifique, surnommée *le Royaume*. Sa rivière, le Saguenay, est très large et son lac est immense. En été, on fait des croisières pour observer les baleines. On fait aussi du rafting ou du kayak. En hiver, on fait de la raquette, du traîneau à chiens, du ski de fond et de la pêche sur glace.

Les adresses électroniques

Les deux lettres à la fin d'une adresse de courriel indiquent quelquefois le pays d'origine du message. Voici quelques abréviations et leur pays d'origine.

ca	le Canada	fr	la France
ma	le Maroc	cm	le Cameroun
pf	la Polynésie française	sn	le Sénégal
be	la Belgique	lb	le Liban

BON APPÉTIT!

Comme projet final, tu vas…

- décrire ton plat préféré;
- écrire une recette pour ce plat;
- planifier une émission de cuisine;
- faire une démonstration de ta recette.

Pour réussir, tu vas…

- parler des fêtes familiales et culturelles;
- parler des plats de diverses cultures;
- écouter des ados parler de leurs fêtes et plats préférés;
- exprimer tes préférences;
- lire des articles sur les festivals;
- lire des recettes de plats québécois;
- écrire la recette de ton plat préféré.

1 Quelles fêtes est-ce que tu célèbres?

2 Regarde ces images. Qu'est-ce qu'on fête? Qu'est-ce qu'on mange?

3 Avec un ou une partenaire, identifiez les fêtes que vous célébrez. Est-ce que vous mangez les mêmes plats?

> **Mon carnet** p. 56

STRATÉGIE
d'interaction orale

■ Je participe activement au travail de groupe.

▮▮▮ Guide de la communication pp. 178–179

ZOOM

Tu vas participer à une émission de cuisine où tu vas faire une démonstration de ta recette préférée.

1 D'abord, tu vas t'informer sur les fêtes et les plats qu'on mange pendant ces fêtes.

2 Puis, tu vas choisir un plat spécial que tu aimes manger pendant ta fête préférée.

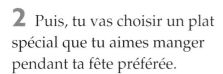

3 Tu vas décrire ce plat et cette fête.

4 Puis, tu vas écrire la recette de ce plat.

5 Tu vas aussi travailler en groupe pour planifier une émission de cuisine.

6 Enfin, tu vas faire une démonstration de ta recette pendant l'émission.

Pour plus de renseignements, visite notre site web à :
www.pearsoned.ca/camarche

1 Regarde les images A à D. Quel plat préfères-tu?

2 Examine ces fêtes et ces plats. À ton avis, quel plat correspond à quelle fête?

3 Écoute des ados qui parlent de ces fêtes pour vérifier tes prédictions.

> **Mon carnet** p. 57

STRATÉGIES
d'écoute

■ J'utilise le contexte.
■ Je cherche des mots familiers.

4 Pour plus de renseignements sur des fêtes culturelles, consulte les pages 78–79 du livret.

ZOOM
sur le projet!

Ma fête préférée est l'Action de grâce.
Je mange de la tarte à la citrouille.

> **Mon carnet** p. 52

Fêtez et

A

B

mangez!

G

H

F

E

C

D

61

1 As-tu déjà assisté à un festival de nourriture? Quelle sorte de nourriture?

2 Choisis un festival sur ces pages. En groupes, faites des prédictions sur cette fête.

> **Mon carnet** p. 59

3 Lis le texte pour vérifier tes prédictions.

> **Mon carnet** pp. 59–60

STRATÉGIES
de lecture

■ Je lis pour comprendre le sens général.

■ Je relis pour trouver des informations précises.

ZOOM

sur le projet!

C'est un festival d'été.

Je mange des tartes à ce festival.

Il y a des concours à ce festival.

> **Mon carnet** p. 52

Les festival

Le Festival du homard de Shediac

Le Festival du homard date de 1949. Il a lieu chaque année en juillet à Shediac, au Nouveau-Brunswick. Pendant le festival, on peut manger du homard avec de la salade et des petits pains. En plus, on peut assister à plusieurs spectacles de magie. Pour marquer le début du festival, la mascotte, M. Homard, arrive en bateau de pêche dans le port de Shediac. Il y a un spectacle de feux d'artifice qui marque la fin du festival.

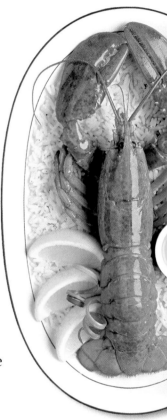

La Fête de la Truffe

La Fête de la Truffe a lieu chaque année en janvier dans la petite ville de Carpentras en France. Qu'est-ce que c'est qu'une truffe? On peut dire que la truffe est une sorte de champignon souterrain. C'est une délicatesse et ça coûte très cher. Pendant cette fête, les visiteurs mangent toutes sortes de plats qui contiennent des truffes. Il y a un concours de plats aux truffes présentés par les étudiants des écoles hôtelières. Il y a aussi un concours de la plus grosse truffe.

le nourriture

Le Festival du Bleuet

Le Festival du Bleuet a lieu dans la capitale mondiale du bleuet, Dolbeau-Mistassini. C'est un village qui se trouve au nord du lac Saint-Jean, au Québec. Le festival date de 1961 et a lieu au début d'août. On peut participer à des jeux et à un concours de bleuets. On peut déguster une tarte aux bleuets géante. On peut aussi manger des chocolats aux bleuets, des gaufres avec de la sauce aux bleuets et du gâteau aux bleuets.

Le Festival des Écrevisses

Chaque année, en mai, le fameux Festival des Écrevisses a lieu dans le village de Breaux Bridge, en Louisiane. Depuis 1960, les habitants de Breaux Bridge organisent des activités cajuns pour tous les visiteurs. On peut manger des écrevisses dans les tartes, dans le gumbo et avec des fettuccines. On peut aussi les manger bouillies, cuites au four et frites. Des activités pour les visiteurs incluent les courses d'écrevisses, les concours de nourriture d'écrevisses et les concours de danse cajun.

Comment ça marche?

Pour parler d'ingrédients...

A Le partitif

le riz	**du** riz
le homard	**du** homard
la viande	**de la** viande
la tarte à la citrouille	**de la** tarte à la citrouille
l'oignon	**de l'**oignon
l'ananas	**de l'**ananas
les noix	**des** noix
les écrevisses	**des** écrevisses

 Regarde les exemples. Quelle est la règle pour former le partitif?

de + le = ?   de + la = ?

de + l' = ?   de + les = ?

B Le partitif avec la négation

Il mange **des** écrevisses.   Il **ne** mange **pas d'**écrevisses.

Elle mange **de la** viande.   Elle **ne** mange **pas de** viande.

J'ajoute **de l'**oignon.   Je **n'**ajoute **pas d'**oignon.

Vous mangez **du** homard.   Vous **ne** mangez **pas de** homard.

 Lis les paires de phrases. Qu'est-ce que tu remarques?

les frites

les pommes
de terre

le sel

l'huile

la crème glacée

la crème
fouettée

la sauce au
chocolat

la crème
glacée

les crêpes

la farine

les œufs

le beurre

le lait

la pizza

les poivrons
verts

les olives

les pepperonis

le fromage

la sauce tomate

APPLICATION

Choisis un plat sur cette page. À tour de rôle, décris un plat à un ou une partenaire qui doit identifier ton choix. N'oublie pas d'utiliser le partitif!

Élève n° 1 : Moi, je choisis un plat avec des pommes de terre, du sel et de l'huile.

Élève n° 2 : Alors, tu choisis des frites.

> **Mon carnet** pp. 61–62

■■ **Langue express** pp. 165–166

1 Est-ce que tu utilises des recettes pour cuisiner?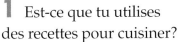

- Quelles recettes?
- Avec quels ingrédients?

2 Regarde les images de cette recette. Quels sont les ingrédients? Fais des prédictions.

> **Mon carnet** p. 63

3 Vérifie tes prédictions. Écoute Rémy qui donne la recette à sa nièce.

> **Mon carnet** pp. 63–64

STRATÉGIES
d'écoute

- ☐ J'utilise le contexte.
- ☐ Je cherche des mots familiers.

ZOOM
sur le projet!

Troisièmement, j'ajoute les flocons d'avoine – 750 mL ou 3 tasses…

> **Mon carnet** p. 53

Les bisc

Troisièmeme

Sixièmement

En premier

Deuxièmement

Quatrièmement

Cinquièmement

ment

1 Quelle sorte de cuisine est-ce que tu aimes manger?

- Quels sont les ingrédients principaux?

2 Regarde ces recettes. Quels sont les ingrédients?

- Quel plat est-ce que tu veux goûter?

3 Avec un ou une partenaire, lisez les recettes.

> **Mon carnet** pp. 65–66

$\overset{\star}{S}$TRATÉGIES
de lecture

▪ Je lis pour comprendre le sens général.

▪ Je relis pour trouver des informations précises.

ZOOM
sur le projet!

Ajouter la vanille et les noix.

Verser le mélange dans la croûte.

> **Mon carnet** p. 53

La cuisine

Le sucre à la crème

Ingrédients

- du sirop d'érable 500 mL – 2 tasses
- du sirop de maïs 15 mL – 1 cuillère à soupe
- de la crème légère 175 mL – 3/4 de tasse
- de la vanille 5 mL – 1 cuillère à thé
- des noix hachées (facultatif) 175 mL – 3/4 de tasse

Préparation

1 Verser le sirop d'érable, le sirop de maïs et la crème dans une casserole.
2 Laisser bouillir sans remuer jusqu'à 234 °F (112 °C). Le mélange doit former une boule molle.
3 Laisser refroidir jusqu'à 100 °F (50 °C). Commencer à remuer. Le mélange doit être épais.
4 Ajouter la vanille et les noix.
5 Verser dans un plat beurré.
6 Laisser refroidir avant de découper en carrés.

La tourtière

Ingrédients

- du veau haché 350 g – 3/4 de livre
- du porc haché 350 g – 3/4 de livre
- de l'oignon haché 1
- du bouillon 175 mL – 3/4 de tasse
- des pommes de terre crues, pelées et coupées
    500 mL – 2 tasses
- du quatre-épices 1 mL – 1/4 de cuillère à thé
- du sel 1 mL – 1/4 de cuillère à thé
- du poivre, au goût

- des croûtes de tarte congelées 2
- un œuf (facultatif)
- du lait (facultatif) 75 mL – 1/4 de tasse

Préparation

1 Mettre ensemble le veau, le porc, l'oignon et le bouillon dans une casserole.

2 Ajouter les pommes de terre, le quatre-épices, le sel et le poivre. Faire bouillir quelques minutes, puis mettre à feu doux. Couvrir et laisser cuire doucement pendant une heure.

3 Verser le mélange dans la croûte.

4 Couvrir avec l'autre croûte. Pincer les deux bords ensemble pour réunir les deux croûtes.

5 Faire un petit trou au milieu de la pâte. Étaler un peu de mélange d'œuf et de lait sur la pâte avec un pinceau à pâtisserie (facultatif).

6 Mettre la tourtière au four à 400 °F (200 °C) et attendre environ 30 minutes.

Comment ça marche?

Pour expliquer les étapes d'une recette...

d'abord

en premier

premièrement

deuxièmement

troisièmement

quatrièmement

cinquièmement

ensuite

puis

après

enfin

en dernier

finalement

 Regarde ces adverbes. Quand est-ce qu'on utilise ces mots?

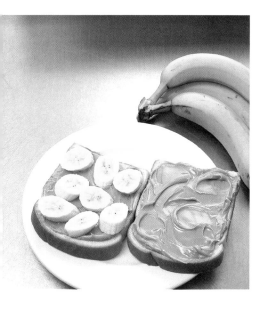

Sandwich au beurre d'arachide

- Je prends deux tranches de pain assez grandes.
- Je coupe une banane en morceaux.
- J'étale du beurre d'arachide sur les tranches de pain.
- Je mets les bananes sur le beurre d'arachide.
- Je place l'autre tranche de pain par–dessus.
- Je coupe le sandwich en deux.

APPLICATION

Avec un ou une partenaire, utilisez les adverbes pour présenter la recette du sandwich au beurre d'arachide. Combien de différentes combinaisons est-ce que vous pouvez trouver?

> **Mon carnet** p. 67

▧▧ **Langue express** p. 162

Pour donner des directives par écrit...

Couper la tomate en morceaux.

Mélanger les ingrédients.

Verser le mélange dans un bol.

Étaler du beurre sur la tranche de pain.

Ajouter la vanille et les noix.

Choisir un gros oignon.

Attendre 30 minutes.

Battre deux œufs avec un fouet.

Mettre la tarte au four.

Prendre deux tranches de pain.

Faire un sandwich.

Recouvrir les nouilles de sauce.

**Regarde les directives.
Qu'est-ce que tu remarques?**

APPLICATION

Avec un ou une partenaire, lisez les directives. Trouvez les quatre directives qui correspondent aux quatre images sur cette page.

> **Mon carnet** p. 68

TRANSFERT Dans quelles autres situations est-ce qu'on utilise des directives par écrit?

■■ **Langue express** p. 171

1 Est-ce que tu connais une émission de cuisine? Laquelle?

2 Regarde les images.

- Que fait la chef Renata Oliveri?

- Qu'est-ce tu vas voir et entendre de plus dans cette émission?

> **Mon carnet** p. 69

3 Regarde la vidéo pour vérifier tes prédictions.

STRATÉGIES
pour regarder une vidéo

■ Je regarde les gestes et les expressions.

■ Je regarde les images pour avoir des idées.

ZOOM
sur le projet!

Je prends un avocat, trois carottes, du concombre…

Et je coupe!

> **Mon carnet** pp. 53–54

D

E

F

Comment ça marche?

Pour donner des directives par écrit et à l'oral

Ajouter des épices.

Premièrement, **j'ajoute** des épices.

Choisir un gros œuf.

Ensuite, **je choisis** un gros œuf.

Attendre trente minutes.

Après, **j'attends** trente minutes.

 Lis les paires de phrases. Quand est-ce qu'on utilise la première directive? la deuxieme directive?
Quelle est la différence entre les mots en vert et les mots en rouge?

4

Attention aux verbes irréguliers!

Couvrir la tarte.

D'abord, **je couvre** la tarte.

Prendre des oranges.

Puis, **je prends** des oranges.

Battre les œufs.

Après, **je bats** les œufs.

Mettre le gâteau au four.

Enfin, **je mets** le gâteau au four.

5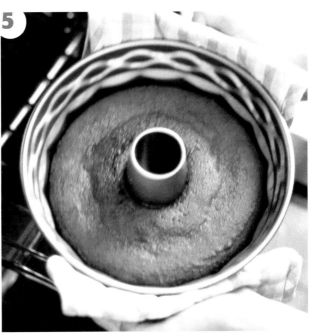

6

APPLICATION

Travaille avec un ou une partenaire. Choisissez une phrase qui commence avec *je* pour chaque image sur ces pages.

> **Mon carnet** pp. 70–71

▮▮ **Langue express** p. 170

1 Regarde les images de l'émission de cuisine.

- Qu'est-ce que tu vois?

- Qu'est-ce que l'élève fait?

2 Regarde la vidéo pour vérifier tes observations.

3 Maintenant, en groupes, préparez et présentez votre émission de cuisine.

> **Mon carnet** p. 54

STRATÉGIE

d'écriture

■ Je demande à un ou une partenaire de vérifier mon texte.

STRATÉGIES

pour bien parler

■ Je parle assez fort et clairement.
■ J'utilise une aide visuelle.

IIII Guide de la communication pp. 178–179

Le pro

et final

Pour plus de renseignements,
visite notre site web à :
www.pearsoned.ca/camarche

Tarte à la citrouille

Ingrédients

1 abaisse de pâte de tarte
2 œufs
175 mL de cassonade
500 mL de purée de citrouille
325 mL de crème légè...
5 mL de cannel...
2 mL de ...
...
... fouettée

Préparation

1. Mettre les 2 œufs dans un grand bol et battre les œufs légèrement.

2. Ajouter la purée de citrouille, la cassonade, la muscade, le sel, la cannelle et la crème légère aux œufs et battre le mélange.

3. Verser le mélange dans l'abaisse de tarte.

4. Faire cuire la tarte dans le four à 425 degrés Fahrenheit pendant 15 minutes.

Diwali

Diwali (ou Deepavali) est une fête célébrée par les Hindous et les Sikhs à la fin d'octobre au début de novembre. La fête de Diwali donne l'occasion de remercier les dieux pour la santé, la paix et la connaissance que nous avons. Pendant cette fête, les Hindous et les Sikhs allument des lampes de terre cuite (qui s'appellent *diyas*) pour illuminer leurs maisons car la lumière signifie la victoire du bien sur le mal. Pour cette raison, Diwali s'appelle aussi la Fête des lumières. On y mange des plats comme la salade de lentilles, les vermicelles et des bonbons.

Le pow-wow

Un pow-wow est une cérémonie traditionnelle célébrée par des Amérindiens. Cette célébration a pour but de réunir les tribus, ce qui affirme l'identité des Amérindiens. L'activité principale des pow-wows est de chanter au rhythme du tambour et de danser en costume. Ici, on peut déguster des plats comme la bannique et la soupe au maïs.

Les Amérindiens ont été les premiers à trouver et à préparer des aliments divers que l'on mange encore aujourd'hui. Ces aliments incluent la courge, la pomme de terre, le maïs (et le maïs éclaté), les haricots et le tournesol. Cette nourriture a été introduite aux Européens par les Amérindiens.

Le Réveillon

La veille de Noël, après la messe de minuit, les Québécois et les Francophones catholiques prennent avec leur famille un repas qui s'appelle le Réveillon. Ils dégustent des plats comme la tourtière, la soupe aux pois, la dinde farcie et, bien sûr, la Bûche de Noël. Après le souper, chaque personne ouvre ses cadeaux.

78

Kwanzaa

Les gens d'origine africaine célèbrent une fête nommée Kwanzaa, qui commémore les premières récoltes de la moisson. Cette fête est une célébration culturelle et une commémoration de l'histoire, de la culture et de l'héritage africains. Kwanzaa est célébré du 26 décembre au 1er janvier. À la fin de ces sept jours, les gens d'origine africaine mangent des plats comme le pain de maïs, les patates douces et une compote de fruits secs.

Chanukah

Chanukah est une fête qui est célébrée pendant huit jours au mois de décembre par les Juifs du monde entier. Chaque jour de cette fête, on allume une chandelle sur une *Ménorah*. On mange des plats comme les *latkes* (des crêpes faites de pommes de terre) et les *sufganiyot* (des beignets). Pendant Chanukah, les enfants jouent avec un jouet spécial qui s'appelle un *dreidel*.

Le Nouvel An chinois

Le Festival du printemps est le festival le plus ancien et le plus important de Chine. Au Canada, ce festival s'appelle le Nouvel An chinois. Ça commence en janvier ou en février. À Vancouver, en Colombie-Britannique, il y a un grand festival dans le quartier chinois. Il y a aussi de grands festivals à Toronto. Pendant le festival, on mange du *man tou* (pain) et du *nian gao* (pouding au riz) parmi d'autres plats. Il y a des défilés dans les rues et des spectacles où des lions et des dragons dansent.

Comme projet final, tu vas...

- créer un dossier de presse ou une vidéo originale pour décrire ta région et pour attirer les jeunes voyageurs francophones;
- présenter ton dossier de presse ou ta vidéo à la classe;
- participer à une cérémonie de remise des prix.

Pour réussir, tu vas...

- écouter des jeunes francophones qui parlent de leur région;
- donner des renseignements sur les aspects géographiques de ta région;
- parler des meilleures attractions touristiques de ta région;
- donner ton opinion et exprimer tes préférences sur les activités offertes près de chez toi;
- lire des brochures pour t'informer sur une région francophone;
- créer l'annonce publicitaire d'un festival organisé dans ta région.

1 Où es-tu déjà allé(e) en voyage?

- Quand?

- Avec qui?

2 Regarde les photos des attractions.

- Qu'est-ce que tu vois sur ces photos?

- Quelles attractions veux-tu visiter? Pourquoi?

> **Mon carnet** p. 77

3 Regarde la vidéo pour découvrir les éléments d'un dossier de presse.

> **Mon carnet** p. 78

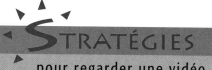

STRATÉGIES
pour regarder une vidéo

■ Je regarde les gestes et les expressions.

■ Je regarde les images pour comprendre le message.

▮▮▮ **Guide de la communication** pp. 178–179

A

B

C

Ça

commence!

D

E

F

ZOOM

Tu vas créer un dossier de presse ou une vidéo originale pour décrire ta région aux jeunes voyageurs francophones.

1 D'abord, tu vas chercher les meilleures attractions de ta région pour préparer ton projet final. Tu vas créer une carte de présentation.

2 Ensuite, tu vas créer la carte géographique de ta région.

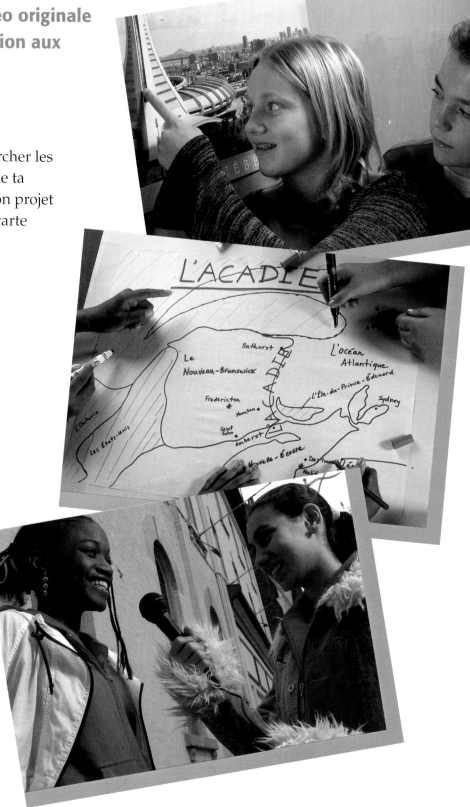

3 Puis, tu vas donner ton opinion sur une activité intéressante.

sur le projet!

4 Après, tu vas créer un dépliant touristique sur ta région. Tu vas aussi créer l'annonce publicitaire d'un festival organisé dans ta région.

5 Tu vas présenter ton dossier de presse ou ta vidéo à la classe. Ensuite, tu vas participer à une cérémonie de remise des prix.

6 Après la cérémonie, en groupe, vous allez envoyer vos projets à de jeunes francophones d'une autre région.

Pour plus de renseignements, visite notre site web à :
www.pearsoned.ca/camarche

1 Où habites-tu? C'est dans quelle province?

2 Imagine que tu vas faire un voyage. Dans quelle région veux-tu aller?

3 Lis les descriptions des jeunes et note tes observations.

> **Mon carnet** p. 79

STRATÉGIES
de lecture

■ Je cherche des mots familiers.
■ Je cherche des mots-amis.

4 Où est-ce que les ados veulent voyager? Pour situer ces endroits sur une carte, consulte les pages 104–105 du livret.

sur le projet!

Bien sûr, en hiver, il fait très froid.
J'habite à l'île Galiano en Colombie-Britannique.

> **Mon carnet** p. 74

Bonjour, les

Salut! Je m'appelle Carole. J'habite à Miramichi au Nouveau-Brunswick. La baie de Miramichi se trouve dans le golfe du Saint-Laurent. En été, il fait en général très beau et la température est de 20 ° à 25 ° Celsius.

Un voyage en Tunisie, ça m'intéresse beaucoup. Ce n'est pas loin du Maroc!

Salut! Je m'appelle Lucille. Je demeure à Saint-Boniface, un quartier francophone de Winnipeg au Manitoba. On n'est pas loin de la rivière Rouge. Au printemps, le climat est tout à fait agréable. Le ciel est bleu et le soleil brille.

Je veux aller aux îles Saint-Pierre et Miquelon. Ce sont des îles près de Terre-Neuve.

eunes Canadiens! 📖

Moi, je m'appelle David et j'habite à Iqaluit au Nunavut. C'est près de la rivière Soper. Bien sûr, en hiver, il fait très froid. Et pendant une partie de l'été, le soleil ne se couche jamais. Je veux participer à un échange culturel au Québec cet été. Je veux aller en Gaspésie.

Bonjour! Je suis Néo. J'habite à l'île Galiano en Colombie-Britannique. Cette île se trouve dans l'océan Pacifique, entre l'île de Vancouver et la ville de Vancouver. Le climat est doux pendant presque toute l'année. Je veux aller en Acadie parce que mon père a de la famille là-bas.

1 Quelle sorte de renseignements est-ce qu'on trouve sur une carte?

2 Regarde les images sur la carte du Maroc.

• Quels paysages marocains sont différents des paysages de ta région? Lesquels sont semblables?

3 Écoute les annonces d'un pilote d'avion.

• Quelle sorte de renseignements est-ce que les pilotes annoncent dans un avion?

> **Mon carnet** pp. 80–81

STRATÉGIES
d'écoute

▨ J'utilise le contexte.

▨ Je fais des prédictions et je vérifie mes prédictions.

▨ Je cherche des mots familiers.

ZOOM
sur le projet!

Au Maroc, vous pouvez voir les montagnes Atlas et la ville de Marrakech.

> **Mon carnet** p. 74

LE MAROC
d'un seul coup d'œil!

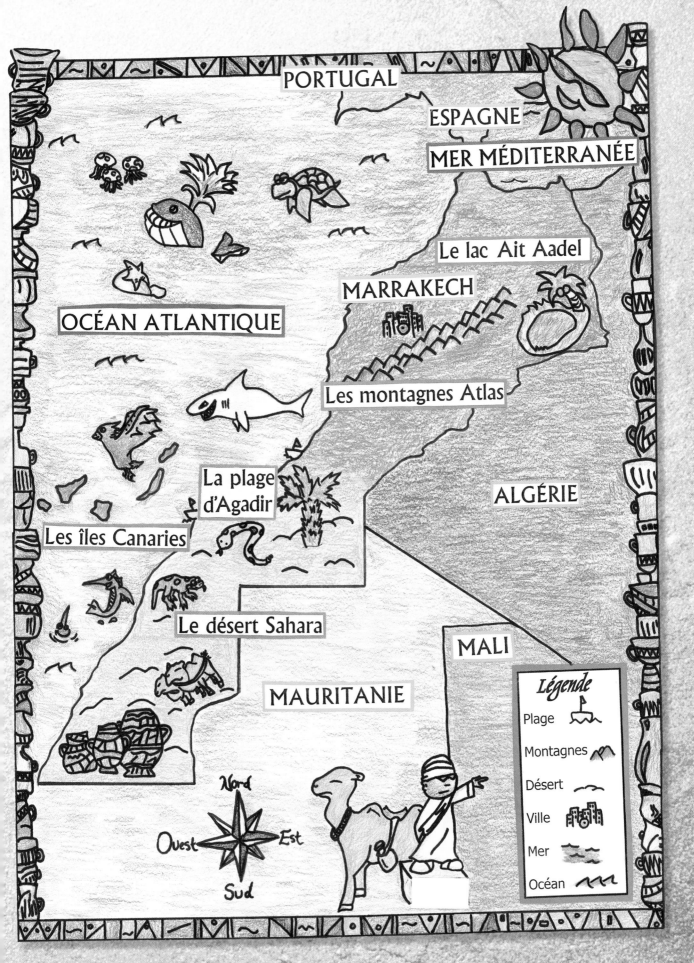

PORTUGAL

ESPAGNE

MER MÉDITERRANÉE

Le lac Ait Aadel

MARRAKECH

OCÉAN ATLANTIQUE

Les montagnes Atlas

ALGÉRIE

La plage d'Agadir

Les îles Canaries

Le désert Sahara

MALI

MAURITANIE

Nord

Ouest — Est

Sud

Légende
Plage
Montagnes
Désert
Ville
Mer
Océan

Comment ça marche?

Pour parler d'un pays ou d'une province…

Le Maroc est un pays coloré.

Au Maroc, on peut voir beaucoup de palais.

Le Québec se trouve à l'est de l'Ontario.

Au Québec, les sports d'hiver sont très populaires.

La France se trouve en Europe.

En France, on parle français.

La Colombie-Britannique se trouve dans l'ouest du Canada.

En Colombie-Britannique, il y a de très grandes montagnes.

Les États-Unis se trouvent en Amérique du Nord.

Aux États-Unis, on trouve des montagnes.

L'Ontario est une très grande province.

En Ontario, on peut voir les chutes du Niagara.

L'Amérique du Nord est le plus grand continent après l'Asie et l'Afrique.

En Amérique du Nord, il y a beaucoup de lacs.

Lis les paires de phrases. Qu'est-ce que tu remarques?

Pense à d'autres situations où on peut utiliser ces prépositions.

Langue express pp. 164–166

Pour parler d'une ville ou d'une île...

Marrakech est une ville excitante.

Il faut aller au marché **à** Marrakech.

Winnipeg est la capitale du Manitoba.

En hiver, il fait très froid **à** Winnipeg.

L'Île-du-Prince-Édouard est une île splendide.

Il faut absolument aller **à** l'Île-du-Prince-Édouard.

Terre-Neuve-et-Labrador est une des provinces maritimes.

Le paysage est spectaculaire **à** Terre-Neuve-et-Labrador.

 Lis les paires de phrases. Qu'est-ce que tu remarques?

APPLICATION

Avec un ou une partenaire, discutez d'où se trouvent les sites suivants au Canada. Regardez les choix à droite.

– *Où se trouve le parc Stanley?*

– *Le parc Stanley se trouve à Vancouver.*

1. la tour CN	6. le site des Jeux Olympiques de 1988
2. la colline Signal	7. la maison d'Anne de Avonlea
3. le mont Tremblant	8. l'île de Vancouver
4. Fredericton	9. les chutes du Niagara
5. le lac Winnipeg	10. Regina

> **Mon carnet** p. 85

Langue express pp. 164–166

Choix

a) Toronto

b) Terre-Neuve

c) **la** Colombie-Britannique

d) **le** Manitoba

e) **l'**Ontario

f) **la** Saskatchewan

g) Calgary

h) **l'**Île-du-Prince-Édouard

i) **le** Nouveau-Brunswick

j) **le** Québec

1 Quand tu visites un endroit pour la première fois, quelles sortes d'activités aimes-tu faire?

> **Mon carnet** p. 86

2 Regarde les images.

- À ton avis, où se trouvent ces attractions?

3 Maintenant, fais un sondage dans ta classe pour connaître les meilleures attractions de ta région.

> **Mon carnet** p. 87

✷STRATÉGIE
d'interaction orale

■ Je respecte les autres dans la classe.

ZOOM
sur le projet!

Nous pouvons aller aux oasis du Sud.
On peut y apprécier la nature.

> **Mon carnet** p. 75

A

Les mei

B

C

D

1 Quelles sortes d'activités aimes-tu faire dans une grande ville?

- Quelles sortes d'activités penses-tu qu'un ado de Montréal aimerait faire?

2 Regarde la vidéo pour découvrir les activités préférées des jeunes au Maroc et à Montréal.

3 En groupes, trouvez les activités préférées de votre région.

- Présentez votre attraction préférée.

STRATÉGIES

pour bien parler

- Je fais attention à la prononciation.
- J'exprime mes idées avec des phrases simples.

▮▮ **Guide de la communication** pp. 178–179

ZOOM

sur le projet!

On peut y voir des insectes uniques.

On peut y faire du patinage avec ses amis.

> **Mon carnet** p. 75

Tribune des jeunes

Les jeunes Montréalais parlent de leurs activités préférées.

Comment ça marche?

Pour parler des destinations et des endroits...

On parle français **au Maroc**.

On **y** parle français.

Je ne vais pas **en Europe** cet été.

Je n'**y** vais pas cet été.

On peut faire des sports aquatiques **dans cette région**.

On peut **y** faire des sports aquatiques.

Vous voulez voir le marché **à Marrakech**?

Vous voulez **y** voir le marché?

Quel mot remplace les mots en vert?

Qu'est-ce que les mots en vert indiquent?

Quelle est la place du pronom *y* dans ces phrases? Quand il y a un seul verbe? Et quand il y a deux verbes?

APPLICATION

D'abord, regarde les images aux pages 96–97 et lis les informations. Partage tes impressions avec un ou une partenaire en répondant aux questions suivantes.

- Dans quelle région veux-tu voyager?
- Quel endroit veux-tu visiter dans cette région?
- Qu'est-ce qu'on peut y voir? Qu'est-ce qu'on peut y faire?

> **Mon carnet** pp. 88, 89

■■ **Langue express** p. 167

OÙ ALLER AU

La place Jemaa el Fna est magnifique. On y trouve un grand marché le jour et un spectacle attrayant la nuit.

MAROC?

peut y faire une randonnée dans la nature.

Le marché aux dromadaires de Guelmim peut être très amusant.

Quoi faire au Maroc?

Région	Attraction	Activités		
Marrakech	La place Jemaa el Fna	🛍	★	🎵
	Le palais Badii	★	🎵	
	Le pavillon de la Menara	🏛	🐫	
Agadir	La plage d'Agadir	🏊	⛵	
Le Haut Atlas	Oukaimeden	🥾	🐫	
	Jbel Yagour	🥾	🐫	
Le lac Ait Aadel	Les cascades d'Ouzoud	🐫	🌳	🥾
Les provinces sahariennes	Le village de Guelmim	🛍		
	Le désert	🐫	🐫	

Légende

★	assister à un festival
⛵	faire de la voile
🎵	écouter de la musique
🏊	faire de la natation
🌳	faire un pique-nique
🏛	visiter un musée
🥾	faire une randonnée
🚲	faire du vélo
🏛	visiter un monument
🛍	aller magasiner
🐫	faire des promenades à dos de chameau
🐫	faire une randonnée dans la nature

1 À quelle sorte de festival as-tu déjà assisté?

- Quelles sortes de choses peut-on faire pendant un festival?

2 Regarde les images de festivals aux pages 98 à 100.

- Selon toi, quel festival est le plus intéressant?

> **Mon carnet** p. 90

3 Pour en savoir plus, lis ces descriptions de festivals.

> **Mon carnet** p. 91

STRATÉGIES
de lecture

- ■ Je cherche des mots familiers.
- ■ Je cherche des mots-amis.

sur le projet!

Vous pouvez aussi faire du patinage.

Vous voulez visiter le plus grand festival folklorique au Maroc?

> **Mon carnet** p. 76

Explorons le

L'International de montgolfières de Saint-Jean-sur-Richelieu

Venez voir le monde merveilleux des montgolfières! La région de Montréal offre de beaux spectacles, surtout pendant ce festival d'été. Les montgolfières multicolores et majestueuses viennent de tous les coins du monde. Elles ont une capitale : Saint-Jean-sur-Richelieu. Ne manquez pas le spectacle «Mini-Talents», un concours amusant pour les jeunes. Montez en montgolfière! N'oubliez pas d'apporter votre appareil photo. Vive la magie des montgolfières!

festivals francophones!

La fête des Neiges de Montréal

Bienvenue au festival d'hiver de Montréal. Venez participer à un événement spectaculaire. Il y a des divertissements pour tout le monde. Venez vous amuser avec nous! C'est une tradition montréalaise.

Venez voir les belles sculptures de glace! Venez jouer dans un fort de neige! Vous pouvez aussi faire du patinage, glisser sur des glissoires de glace et assister à des spectacles pour les jeunes. Bien sûr, il y a de la musique et on danse!

Si vous avez froid, visitez nos stations «Hydro-confort». Il y fait chaud à l'intérieur. Jouez avec «Boule de Neige», notre mascotte... Il adore l'hiver et la neige!

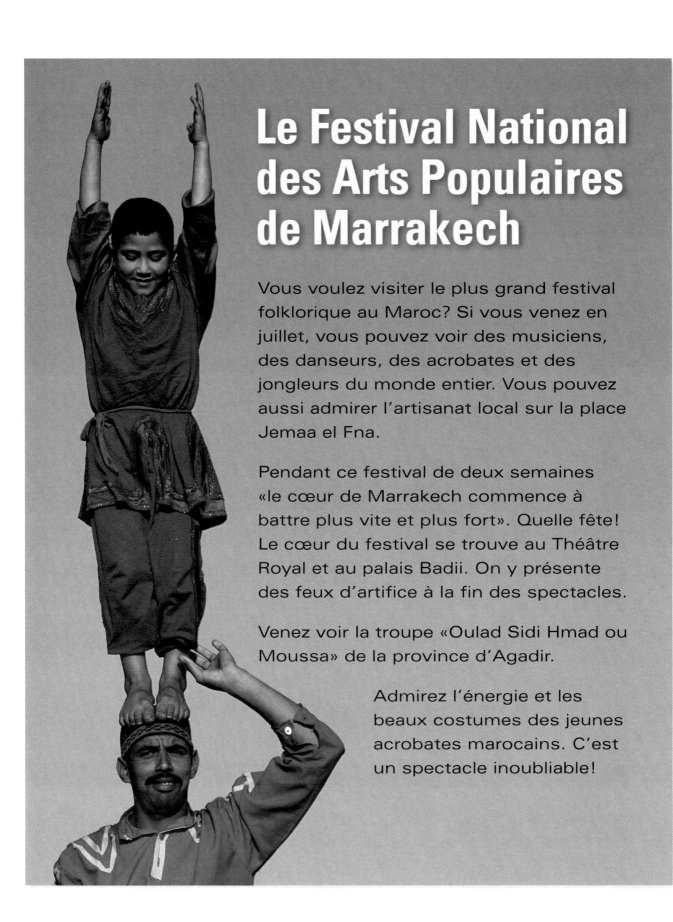

Le Festival National des Arts Populaires de Marrakech

Vous voulez visiter le plus grand festival folklorique au Maroc? Si vous venez en juillet, vous pouvez voir des musiciens, des danseurs, des acrobates et des jongleurs du monde entier. Vous pouvez aussi admirer l'artisanat local sur la place Jemaa el Fna.

Pendant ce festival de deux semaines «le cœur de Marrakech commence à battre plus vite et plus fort». Quelle fête! Le cœur du festival se trouve au Théâtre Royal et au palais Badii. On y présente des feux d'artifice à la fin des spectacles.

Venez voir la troupe «Oulad Sidi Hmad ou Moussa» de la province d'Agadir.

Admirez l'énergie et les beaux costumes des jeunes acrobates marocains. C'est un spectacle inoubliable!

Comment ça marche?

Vouloir et pouvoir

a) Je **veux** aller au Maroc.

b) Je **peux** aller au Maroc en avion.

a) Tu **veux** aller en Nouvelle-Calédonie.

b) Tu **peux** visiter les belles plages.

a) Nous **voulons** aller au Nouveau-Brunswick.

b) Nous **pouvons** découvrir la riche culture acadienne.

a) Vous **voulez** aller à Montréal?

b) Vous **pouvez** rencontrer la mascotte *Boule de Neige*.

Lis les paires de phrases et regarde les verbes.

Quelles phrases expriment un désir? C'est quel verbe?

Quelles phrases expriment une possibilité? C'est quel verbe?

Il y a combien de verbes dans chaque phrase? Pourquoi?

APPLICATION

Regarde le texte des festivals aux pages 98 à 100.

■ Avec un ou une partenaire, jouez les rôles d'un(e) agent(e) touristique et d'un(e) client(e).

■ Le / la client(e) dit ce qu'il / elle veut faire. L'agent(e) touristique fait des suggestions.

– *Bonjour Monsieur / Madame. Puis-je vous aider?*

– *Oui, s'il vous plaît. Je veux voir des acrobates marocains.*

– *Eh bien, vous pouvez aller au Festival National des Arts Populaires de Marrakech.*

– *Merci!*

> **Mon carnet** pp. 92–93

■■ **Langue express** p. 170

1 Regarde le dossier de presse.

- Qu'est-ce que tu vois?

2 Regarde la vidéo pour vérifier tes observations.

3 En groupes, organisez votre dossier de presse et préparez votre présentation.

STRATÉGIES d'écriture

■ Je fais un brouillon.

■ Je demande à un ou une partenaire de vérifier mon texte.

4 Maintenant, vous allez présenter votre dossier de presse. Ensuite, la classe va préparer la cérémonie.

STRATÉGIES pour bien parler...

■ Je fais attention à la prononciation.

■ J'exprime mes idées avec des phrases simples.

▮▮▮ Guide de la communication pp. 178–179

Le proj

final

Pour plus de renseignements,
visite notre site web à :
www.pearsoned.ca/camarche

La carte de la francophonie

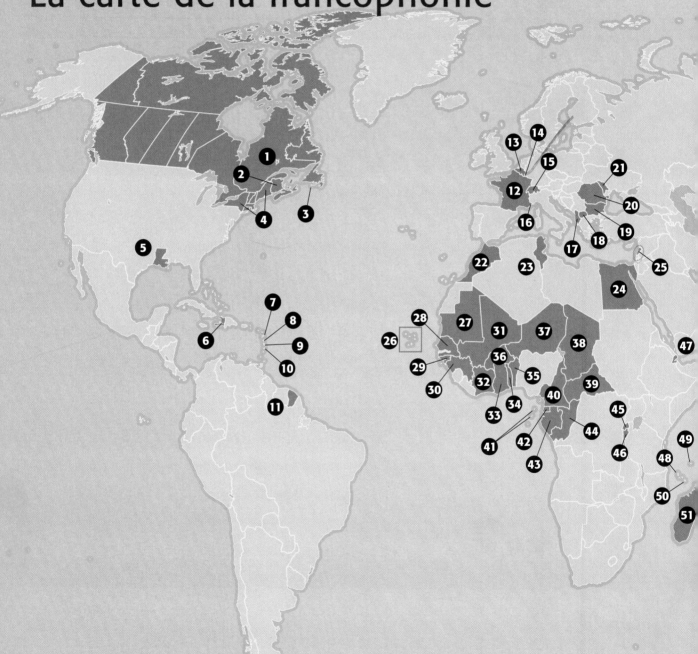

à la carte

Amérique
1. Québec, Canada
2. Nouveau-Brunswick, Canada
3. Saint-Pierre et Miquelon
4. Nouvelle-Angleterre
5. Louisiane
6. Haïti
7. Guadeloupe
8. Dominique
9. Martinique
10. Sainte-Lucie
11. Guyane française

Europe
12. France
13. Belgique
14. Luxembourg
15. Suisse
16. Monaco
17. Albanie
18. Ex-République yougoslave de Macédoine
19. Bulgarie
20. Roumanie
21. Moldovie

Afrique et Proche-orient
22. Maroc
23. Tunisie
24. Égypte
25. Liban
26. Cap Vert
27. Mauritanie
28. Sénégal
29. Guinée-Bissau
30. Guinée
31. Mali
32. Côte d'Ivoire
33. Ghana
34. Togo
35. Bénin
36. Burkina-Faso
37. Niger
38. Tchad
39. République centrafricaine (Centrafrique)
40. Cameroun
41. São Tomé-et-Principe
42. Guinée Équatoriale
43. Gabon
44. Congo
45. Rwanda
46. Burundi
47. Djibouti
48. îles Comores
49. Seychelles
50. Mayotte
51. Madagascar
52. Réunion
53. Maurice

Asie et Océanie
54. Pondichéry
55. Laos
56. Vietnam
57. Cambodge
58. Nouvelle-Calédonie
59. Vanuatu
60. îles Wallis-et-Futuna
61. Polynésie française

À TOI LE CHOIX!

5

Comme projet final, tu vas...

- créer une affiche pour une campagne de sensibilisation sur la pression des camarades;

- préparer, en groupe, la saynète d'un message d'intérêt public;

- présenter ta saynète à la classe;

- choisir des messages d'intérêt public qui sont les plus persuasifs.

Pour réussir, tu vas...

- parler des choix difficiles et des sources de pressions dans ta vie;

- lire des scénarios pour t'informer sur les sortes de pressions qui existent;

- écouter des adolescents francophones parler de leurs choix difficiles;

- apprendre des techniques de persuasion;

- visionner des messages d'intérêt public;

- écrire des scénarios sur la pression des camarades.

Refuse de fumer!

1 Regarde les scénarios.

- Quels jeunes ont un choix facile à faire? Pourquoi?

- Quels jeunes ont un choix difficile à faire? Pourquoi?

2 Quel est le thème de l'unité?

- Pour faire des prédictions, regarde les scénarios qui présentent un choix difficile. Quel choix commun est encouragé?

- Écoute la chanson pour vérifier tes prédictions.

> **Mon carnet** p. 99

STRATÉGIE
d'écoute

■ J'utilise le contexte.

▮▮▮ **Guide de la communication** pp. 178–179

3 Pour des renseignements sur le groupe *RudeLuck*, consulte la page 132 du livret.

commence!

A Odette

E Karine

D Sylvain

C Ammar

ZOOM

Tu vas créer une campagne de sensibilisation sur les problèmes de la cigarette, du vol à l'étalage ou du séchage des cours. Pour ta campagne, tu vas travailler en groupe pour créer une affiche et une saynète sur le problème de votre choix.

1 Au cours de cette unité, tu vas visionner des messages d'intérêt public sur les problèmes de la cigarette, du vol à l'étalage et du séchage des cours.

VOLER C'EST criminel!

2 Tu vas aussi explorer la pression négative et positive des camarades.

3 Tu vas examiner les techniques de persuasion utilisées dans les messages d'intérêt public pour développer des idées pour ton affiche et ta saynète (projet de groupe).

4 Tu vas explorer les refus pour résister à la pression négative. Puis, tu vas créer un scénario-maquette pour planifier ta saynète.

5 En groupes, vous allez présenter votre campagne à la classe.

6 Enfin, tu vas juger les campagnes de sensibilisation et tu vas choisir les messages d'intérêt public les plus persuasifs.

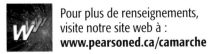

Pour plus de renseignements, visite notre site web à :
www.pearsoned.ca/camarche

1 Regarde les scénarios. Quels choix difficiles est-ce que les scénarios présentent?

2 Quels choix est-ce que les camarades des jeunes dans les scénarios essaient d'influencer?

3 Lis les scénarios pour vérifier tes prédictions. Identifie la sorte de pression que les camarades utilisent dans chaque scénario.

> **Mon carnet** pp. 100–101

STRATÉGIES
de lecture

■ Je lis pour comprendre le sens général.

■ Je relis pour trouver des informations précises.

4 Qu'est-ce que les jeunes francophones font pour aider leurs camarades à résister à la pression négative? Consulte la page 132 du livret.

sur le projet!

Ne fume pas, Tika!

Séchons les cours demain!

> **Mon carnet** p. 96

Comment ça marche?

L'impératif

Pour persuader quelqu'un...

Tu **arrêtes** de faire des choix négatifs.

Nous **défendons** notre choix.

Vous **choisissez** bien.

Tu **vas** à tes cours.

Arrête de faire des choix négatifs!

Défendons notre choix!

Choisissez bien!

Va à tes cours!

aller au cinéma

Compare les deux groupes de phrases. Qu'est-ce que tu remarques?

écouter de la musique

choisir un disque compact

APPLICATION

Imagine que tu as un ami ou une amie qui veut faire du vol à l'étalage pour s'amuser.

Suggère trois autres activités pour s'amuser au lieu de voler.

Échange tes suggestions avec un ou une partenaire. Ensemble, faites les changements nécessaires à vos suggestions pour vous adresser à deux amis.

▮▮▮ **Langue express** p. 171

Pour dissuader quelqu'un...

naviguer sur Internet

Ne fume **pas**!

Ne perds **pas** ton temps!

Ne choisis **pas** de sécher les cours!

Ne choisissez **pas** de piquer des choses!

Ne fais **pas** de vol à l'étalage!

Ne faites **pas** l'école buissonnière!

N'essaie **pas**!

N'essayez **pas** de fumer!

Ne va **pas** au cinéma!

N'allez **pas** à la ruine!

Est-ce que ces phrases encouragent l'action ou découragent l'action? Où est-ce qu'on place le *ne / n'... pas*?

faire du ski

jouer aux jeux vidéo

APPLICATION

Avec un ou une partenaire, lisez les suggestions sur cette page.

Transformez les verbes au pluriel avec *nous*.

> **Mon carnet** pp. 103–104

■ **Langue express** p. 171

1 Identifie les sources de pression positive.

2 Regarde les messages d'intérêt public. Lis les slogans.

- Quels choix est-ce qu'ils essaient d'influencer?

- Quelles sortes de pressions est-ce qu'on utilise dans les messages?

> **Mon carnet** p. 105

3 Écoute la conversation entre ces jeunes. Quel message d'intérêt public peut aider chaque jeune à faire le bon choix?

> **Mon carnet** p. 106

d'écoute

■ J'écoute l'intonation et le ton de la voix.

sur le projet!

On ne doit pas manquer ça!
Il faut dire «Non!» à la cigarette!

> **Mon carnet** p. 96

1 Regarde ces affiches.

- Quelle est ta réaction à chaque affiche?

> **Mon carnet** p. 107

2 Lis les affiches pour identifier les techniques de persuasion.

> **Mon carnet** p. 108

STRATÉGIES
de lecture

▨ Je lis pour comprendre le sens général.

▨ Je relis pour trouver des informations précises.

3 Aujourd'hui, est-ce qu'il existe plus ou moins d'adolescents qui fument au Canada qu'il y a dix ans? Et dans les pays francophones? Consulte la page 133 du livret.

ZOOM
sur le projet!

Il ne faut pas prendre un fumeur pour modèle!

Je dois dire «Non!» à la cigarette.

> **Mon carnet** p. 97

La persuas

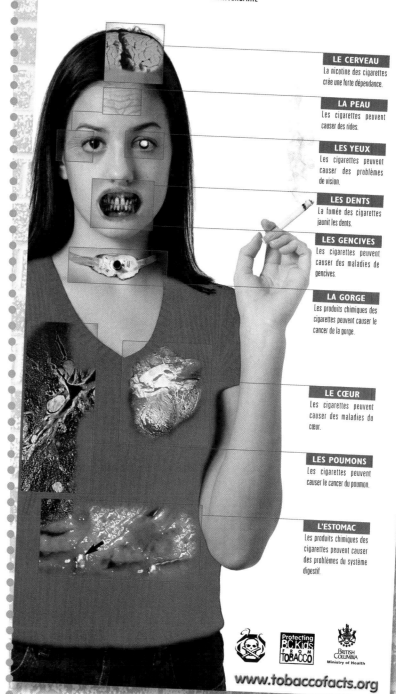

A

Le corps et la cigarette
Il ne faut pas prendre un fumeur pour modèle!

QUATRE-VINGT-HUIT POUR CENT DES FUMEURS COMMENCENT AVANT LEUR 16ᴱ ANNIVERSAIRE

LE CERVEAU
La nicotine des cigarettes crée une forte dépendance.

LA PEAU
Les cigarettes peuvent causer des rides.

LES YEUX
Les cigarettes peuvent causer des problèmes de vision.

LES DENTS
La fumée des cigarettes jaunit les dents.

LES GENCIVES
Les cigarettes peuvent causer des maladies de gencives.

LA GORGE
Les produits chimiques des cigarettes peuvent causer le cancer de la gorge.

LE CŒUR
Les cigarettes peuvent causer des maladies du cœur.

LES POUMONS
Les cigarettes peuvent causer le cancer du poumon.

L'ESTOMAC
Les produits chimiques des cigarettes peuvent causer des problèmes du système digestif.

Protecting BC Kids FROM TOBACCO

BRITISH COLUMBIA
Ministry of Health

www.tobaccofacts.org

Comment ça marche?

Devoir et *Il faut*

Pour exprimer la nécessité

Tu dois refuser de fumer.

Il faut refuser de fumer.

On doit aller à l'école.

Il faut aller à l'école.

Nous devons payer pour nos achats.

Il faut payer pour nos achats.

Vous devez faire le bon choix.

Il faut faire le bon choix.

A

en classe

 Compare les phrases dans chaque paire. Quelles sont les différences entre les mots en rouge et les mots en vert dans chaque paire de phrases?

B

au magasin

APPLICATION

En groupe de quatre, participez à une chaîne orale. Faites des recommandations aux jeunes qui sont dans les photos de ces pages.

Élève n° 1 : **Tu dois parler à tes parents**.

Élève n° 2 : Oui, **il faut parler à tes parents**.

Élève n° 3 : **Vous devez aider votre ami**.

Élève n° 4 : Oui, **il faut aider votre ami**.

Défi! : Chaque recommandation exprimée doit être différente.

■ Langue express pp. 163, 170

La négation

Tu **ne dois pas** fumer.

Il ne faut pas fumer.

On **ne doit pas** sécher les cours.

Il ne faut pas sécher les cours.

Nous **ne devons pas** faire du vol à l'étalage.

Il ne faut pas faire du vol à l'étalage.

Vous **ne devez pas** respirer la fumée secondaire.

Il ne faut pas respirer la fumée secondaire.

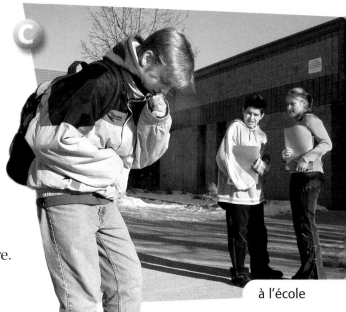

à l'école

 Compare ces phrases aux phrases à la page 120. Qu'est-ce que tu remarques? Où est-ce qu'on place le *ne... pas*?

SECTION FUMEURS

au restaurant

APPLICATION

Avec un ou une partenaire, lisez les phrases à voix haute. Quelle photo va le mieux avec chaque paire de phrases?

■ **Langue express** pp. 163, 170

> **Mon carnet** pp. 109–110

PHASE 7

1 Regarde les images de ces scénarios-maquettes.

- Quels choix difficiles sont présentés? Qui présente ces choix?

- Qui doit faire ces choix? Quel choix est-ce qu'il ou elle fait?

2 Lis le texte des scénarios-maquettes pour vérifier tes prédictions.

> **Mon carnet** p. 111

STRATÉGIES
de lecture

■ Je lis pour comprendre le sens général.

■ Je relis pour trouver des informations précises.

3 Quels gestes et  expressions est-ce que les jeunes francophones utilisent quand ils refusent quelque chose? Consulte la page 133 du livret.

ZOOM
sur le projet!

C'est dégueulasse!
Pas question!

> **Mon carnet** p. 98

122

Refusez
Dans la galerie de jeux...

1. Pierre : Regardez! C'est Alain Dion. Il est très cool. C'est le champion du jeu «Navigateur des galaxies». Allons fumer une cigarette avec lui.

1. Pierre : Ah, vous êtes de vrais bébés! Venez donc avec moi! Ou est-ce que vous en avez peur?

sans réserve!

2. Alex : Non, merci. Je ne fume pas.

3. Jared : Alors là! C'est dégueulasse! Qui veut sentir comme un cendrier!

2. Alex : Oui, en effet. Les cigarettes peuvent causer le cancer et beaucoup d'autres maladies horribles.

3. Jared : Et toi, est-ce que tu as peur de résister à la pression? Allez. Nous allons au cinéma. Tu viens?

Au magasin de sports...

1. Sangita : Vas-y! Prends les souliers!
2. Alice : Non. Je n'ai pas assez d'argent.

1. Sangita : Alors, il faut les piquer!
2. Alice : Non. Jamais de la vie!
1. Sangita : Vas-y! Tu dois les piquer!
2. Alice : Non. Pas question!

1. Sangita : Moi je pique si tu piques. Je suis ton amie.
Tu peux me faire confiance.
2. Alice : Mon œil!

1. Sangita : Tu es trop coincée pour être mon amie...
Hé! Où est-ce que tu vas?
2. Alice : [Alice ignore son amie.]

Entrevue
avec une scénariste

1 Quand est-ce qu'il faut faire un plan avant de préparer quelque chose?

2 Regarde les photos.

- Qu'est-ce que la scénariste doit faire pour préparer le scénario-maquette?

3 Regarde la vidéo pour vérifier tes prédictions.

4 En groupes, utilisez les idées de la vidéo pour créer un scénario-maquette et pour planifier votre saynète.

STRATÉGIES
pour regarder une vidéo

- ■ J'utilise le contexte.
- ■ Je fais des prédictions et je vérifie mes prédictions.

125

1 Est-ce que tu as déjà vu des messages d'intérêt public à la télé? Quels choix est-ce que les messages ont encouragés?

2 Regarde ces images. Quels choix positifs est-ce que les images encouragent?

3 Regarde les messages télévisés pour vérifier tes prédictions.

> **Mon carnet** pp. 113–114

STRATÉGIES
pour regarder une vidéo

- J'utilise le contexte.
- Je fais des prédictions et je vérifie mes prédictions.

ZOOM
sur le projet!

Jamais de la vie!

Mon œil!

> **Mon carnet** p. 98

Messages

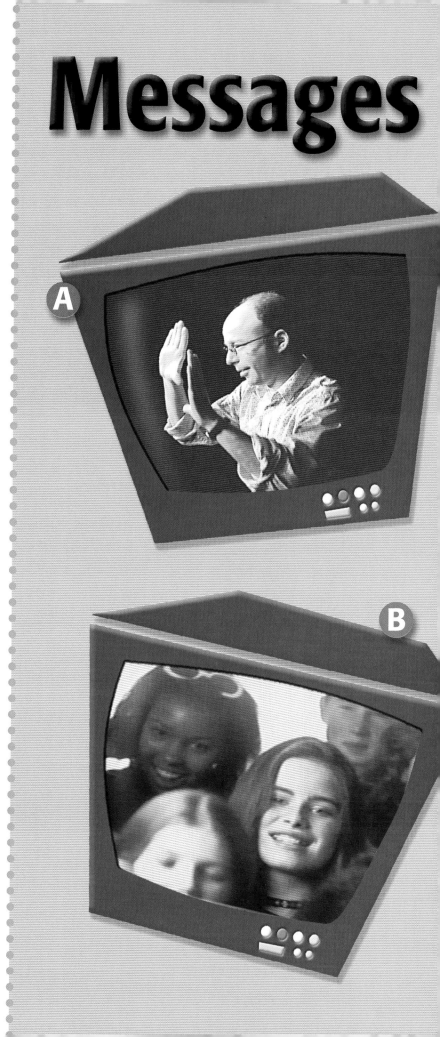

A

B

à l'écran!

Comment ça marche?

Pour refuser une proposition...

A
Non, merci.

Désolé, mais…

Merci, mais…

B
Hmm… Je ne pense pas.

Pas vraiment.

Lis les phrases sur ces pages à voix haute. Quel groupe d'expressions exprime «non» le plus directement? Le moins directement? Le plus poliment? Le moins poliment?

APPLICATION

Avec un ou une partenaire, créez un dialogue. Le personnage A suggère des activités négatives. Le personnage B utilise les expressions en haut pour refuser les propositions de façons différentes.

Le personnage A : Tu veux fumer une cigarette?

Le personnage B : Non, merci. / Pas vraiment. / Pas question!

> **Mon carnet** p. 115

▮▮▮ **Guide de la communication** p. 179

C

Sûrement pas!

Absolument pas!

Jamais de la vie!

Pas question!

Mais non!

Pas du tout!

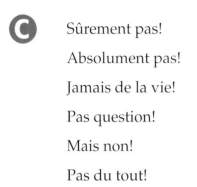

TRANSFERT Pense à d'autres situations où on peut utiliser des expressions pour refuser une proposition.

▮▮▮ **Guide de la communication**
p. 179

129

1 Prépare ton affiche.

2 En groupes, préparez votre scénario-maquette.

> **Mon carnet** p. 98

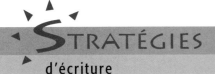

d'écriture

■ Je fais des corrections.

■ J'écris la version finale de mon texte.

3 Maintenant, vous allez présenter votre saynète.

pour bien parler

■ Je varie l'intonation et le ton de ma voix.

4 Pendant les saynètes, note ta réaction aux messages d'intérêt public et choisis la campagne la plus persuasive.

|||| Guide de la communication pp. 178–179

d'interaction orale

■ J'exprime un accord ou un désaccord de façon positive.

RudeLuck

Le groupe RudeLuck de Montréal est un mélange de cultures. Rudy Toussaint, le joueur de synthétiseur, est un Québécois de Québec. Luck Mervil, le chanteur du groupe, est d'origine haïtienne. Le Haïti est une île des Caraïbes où l'on parle créole. Le créole est un mélange de la langue française et d'une langue africaine. La chanson *Faut pas craquer* a connu un énorme succès au Québec, en France, en Martinique, en Guadeloupe et en Haïti.

©yoh•2002
yo_morin@hotmail.com

Les jeunes qui font une différence

Au Québec...

Le Réseau conseil de la Gang allumée, un groupe de garçons et filles de 13 à 17 ans, essaie de réduire la pression indirecte à la télé. Les membres du groupe ont remarqué que les téléséries et les téléromans utilisent la cigarette pour donner un style à leurs personnages. Alors, ils écrivent des lettres aux responsables des téléséries et des téléromans.

Pour plus de renseignements,
visite notre site web à :
www.pearsoned.ca/camarche

Tendances chez les jeunes fumeurs

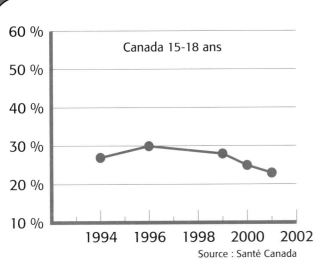

Canada 15-18 ans

Source : Santé Canada

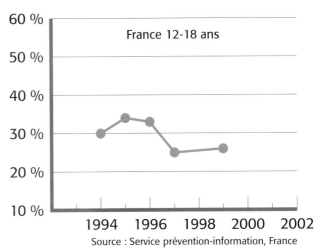

France 12-18 ans

Source : Service prévention-information, France

Des gestes français

Mon œil!

Pour exprimer l'incrédulité, les francophones font ce geste :

C'est dégueulasse!

Pour montrer qu'on désapprouve, les francophones font cette expression :

Alors là!

Pour une réaction défensive, les francophones font ce geste :

INCOGNITO

6

Comme projet final, tu vas...

- créer un masque ou un maquillage original;
- participer à une exposition de masques et de maquillages;
- expliquer ton masque ou ton maquillage aux visiteurs de l'exposition.

Pour réussir, tu vas...

- parler de masques et de maquillages;
- écouter un ado parler d'un maquillage-mystère;
- exprimer tes préférences et donner ton opinion;
- lire un article de revue pour t'informer sur les masques;
- parler des émotions et des qualités exprimées dans des masques et des maquillages;
- compléter un quiz pour identifier tes qualités;
- faire une description d'un masque ou d'un maquillage.

1 Tu as déjà porté un masque ou un maquillage? Quel masque? Quel maquillage?

2 Regarde ces masques et ces maquillages.

• Est-ce que tu reconnais ces masques et ces maquillages?

• Où est-ce que tu as déjà vu ces masques et ces maquillages?

• À ton avis, pourquoi est-ce qu'on porte un masque ou un maquillage?

> **Mon carnet** p. 121

STRATÉGIES
pour bien parler

◾ Je regarde l'auditoire.
◾ Je varie l'intonation et le ton de ma voix.

3 Pourquoi est-ce que les spectateurs portent un maquillage sur la photo E?

B

commence!

A

F

E

D

ZOOM

Tu vas créer un masque ou un maquillage original et participer à une exposition.

1 D'abord, tu vas t'informer sur les masques et les maquillages pour te donner des idées pour ton projet final.

2 Ensuite, tu vas apprendre à décrire les masques et les maquillages.

3 Tu vas aussi découvrir les émotions et les qualités exprimées dans les masques et les maquillages.

sur le projet!

4 Après, tu vas créer un masque OU un maquillage original.

5 Tu vas aussi faire une description de ton masque ou de ton maquillage.

Mon masque
Une description

6 Enfin, tu vas préparer des questions et des réponses pour participer à l'exposition.

Pour plus de renseignements, visite notre site web à :
www.pearsoned.ca/camarche

139

1 Examine ces maquillages.

- À ton avis, pourquoi est-ce que ces personnes portent un maquillage?

2 Regarde le maquillage de l'ado à droite.

- Selon toi, pourquoi est-ce qu'il porte ce maquillage?

- Écoute le garçon parler de son maquillage.

> **Mon carnet** p. 122

STRATÉGIES
d'écoute

■ J'écoute une première fois pour comprendre le sens général.

■ J'écoute de nouveau pour trouver des informations précises.

3 Pour plus de renseignements sur ces maquillages, consulte les pages 158 et 159 du livret.

ZOOM
sur le projet!

Il a des lignes ondulées sur le front. Il est noir et blanc.

> **Mon carnet** p. 118

A

Méta m

phoses

n danseur
lgonquin de
laniwaki (Québec),
n pow-wow,
anada.

ierrot, un
ersonnage de
a *Commedia
ell'arte*, une
roduction
héâtrale, Italie.

ne artiste d'opéra,
n portrait de
artiste en costume,
hine.

141

1 Examine les masques.

- Est-ce qu'ils sont différents? Donne des exemples.

2 Choisis un masque.

- En groupes, réfléchissez.

> **Mon carnet** p. 123

- Pour vérifier, lisez le texte.

> **Mon carnet** p. 124

STRATÉGIES
de lecture

■ J'identifie le contexte.
■ Je cherche les mots difficiles dans un dictionnaire.

3 Pour plus de renseignements sur d'autres masques, consulte les pages 158 et 159 du livret.

ZOOM
sur le projet!

Il y a une étoile à côté de l'œil.
Il est en bois.

> **Mon carnet** p. 118

Masques

Démasquer les masqu

Le masque est universel

Il existe partout : en Afrique, en Amérique, en Asie, en Europe et ailleurs. Il y a de très petits masques et de très grands masques, comme les masques gigantesques du Mali, en Afrique.

A

B

C

Pourquoi porter un masque?

On porte certains masques africains et amérindiens pour participer à des danses rituelles. Il existe aussi des masques funéraires comme le masque mexicain des Mayas et le masque égyptien du pharaon Toutankhamon. Pour célébrer une fête importante, comme le Nouvel An, les Chinois promènent dans la rue un dragon masqué, symbole de chance.

Impossible d'imaginer spectacles et carnavals sans masques! En Italie, au carnaval de Venise, on porte un masque pour être incognito. Au Canada, dans la région acadienne du Cap-Breton, les gens se déguisent et rendent visite à leurs amis pendant la Mi-Carême, une ancienne fête française encore célébrée aujourd'hui.

D

Des traits exagérés

Le masque est d'une couleur ou multicolore. Il peut avoir de très petits yeux ou des yeux énormes, des sourcils expressifs, un petit ou un gros nez, une bouche ouverte ou fermée, de grandes oreilles. Il y a des lignes et des formes sur les masques. Certains masques ont même des cheveux longs!

Le masque est en...

Le masque traditionnel est en matières naturelles. En général, le masque du dragon et le masque vénitien sont en papier mâché. Les masques africains et amérindiens sont souvent en bois, tandis que les masques mayas sont souvent en pierre. Certains masques égyptiens sont même en or. Les Acadiens utilisent une grande variété de techniques modernes et traditionnelles pour fabriquer les masques de la Mi-Carême.

E

F

Qu'est-ce que le masque représente?

Un masque peut représenter plusieurs choses : une personne, un animal, un monstre, une idée, une émotion. Le masque de la Mi-Carême, par exemple, peut représenter le drapeau acadien, et le masque amérindien de la côte ouest du Canada, un oiseau.

G

Pour décrire un masque ou un maquillage…

Il y a une fleur sur le front.

Il y a des lignes parallèles sur le masque.

Il est en bois.

Il est en argile.

Il est noir et blanc.

Il est multicolore.

Il a des yeux exagérés.

Il a des lèvres noires.

Il représente le soleil.

Il représente un oiseau.

On porte ce masque pour danser.

On porte ce maquillage pour une cérémonie.

A

B

C

 Observe les paires de phrases.
Qu'est-ce qui change dans ces phrases?

APPLICATION

Choisis une image et utilise les phrases sur cette page pour préparer une description. Ensuite, décris l'image à un ou une partenaire qui doit identifier ton choix.

> **Mon carnet** p. 127

▬ **Langue express** p. 164

TRANSFERT Quand est-ce qu'on peut utiliser des phrases descriptives? Pense à d'autres situations.

1 Examine l'affiche.

- Est-ce que tu reconnais ces artistes?

> **Mon carnet** p. 129

2 Examine les commentaires des ados sur ces pages.

- Chaque ado parle d'un spectacle. Selon toi, quel spectacle est-ce qu'il ou elle a vu?

- Pour vérifier, écoute ces ados donner leurs opinions.

STRATÉGIES
d'écoute

■ J'écoute une première fois pour comprendre le sens général.

■ J'écoute de nouveau pour trouver des informations précises.

3 Est-ce que tu connais le mime Marceau? le Cirque du Soleil? le Fantôme de l'Opéra? Consulte les pages 158 et 159 du livret.

ZOOM
sur le projet!

Il a l'air surpris.
Il a de petits sourcils sur le front.

> **Mon carnet** p. 118

Les jeunes s'expriment

Marc

Noëlle

Kim

Je m'intéresse beaucoup aux films de ce genre. Le masque y joue un rôle très important.

Ces artistes font des choses incroyables. C'est très beau à voir.

Son maquillage exprime les émotions qu'il communique aussi avec les gestes.

Masques et maquillages
DE SPECTACLE

EXPOSITION
12 septembre – 18 novembre
Musée des arts du spectacle

Pascal

Les spectateurs ont crié le nom du groupe. Ils aiment beaucoup leur maquillage.

1 Regarde la fille et le garçon.

- Qu'est-ce qui intéresse la fille? le garçon?

- Quelles sont les qualités de la fille? du garçon?

> **Mon carnet** p. 130

2 Complète le quiz de personnalité.

> **Mon carnet** p. 131

- À quelle description correspond ta personnalité?

- Lis les résultats du quiz.

STRATÉGIES
de lecture

■ J'identifie le contexte.

■ Je cherche les mots difficiles dans un dictionnaire.

ZOOM
sur le projet!

....

J'aime les nouvelles expériences.
Je suis spontanée.

....

> **Mon carnet** p. 118

Démasquer

J'adore la musique!
Je veux écrire des chansons.

Je suis créative et déterminée!

Moi, je suis énergique et ouvert aux nouvelles idées.

J'aime le sport et j'adore les discussions.

Quiz de personnalité : Résultats

Tu es affectueux, dynamique et passionné… quelquefois stressé. Actif, tu aimes faire du théâtre, mais tu es aussi un mordu de sport. Tu es courageux. Tu détestes l'inactivité. Tu es travailleur et tu as beaucoup d'énergie.

Tu es enthousiaste et toujours optimiste. Tu vois la vie en rose. Tu as une passion pour les sciences, mais tu aimes aussi les arts. Intellectuel? Oui. Tu es organisé mais spontané aussi. Tu adores les nouvelles expériences. Tu es sensible et généreux. Tu as la joie de vivre.

Tu es perfectionniste, idéaliste, mais bien équilibré. Tu pèses le pour et le contre. Détaché, tu préfères observer plutôt que de participer. Pacifiste et diplomate, tu aimes la tranquillité. Tu as une bonne imagination. Loyal, tu as beaucoup d'amis.

Tu es indépendant et même un peu rebelle! Tu es à cheval sur les principes. Déterminé et persévérant, tu accomplis tes objectifs. Tu es créatif mais tu as l'esprit analytique aussi. Tu cherches toujours des solutions aux problèmes. Avec tes amis, tu es plutôt réservé.

Comment ça marche?

Les adjectifs

Pour décrire la personnalité...

Je suis **spontané**.	Je suis **spontanée**.
Je suis **réservé**.	Je suis **réservée**.
Je suis **indépendant**.	Je suis **indépendante**.
Je suis **loyal**.	Je suis **loyale**.
Je suis **créatif**.	Je suis **créative**.
Je suis **actif**.	Je suis **active**.
Je suis **généreux**.	Je suis **généreuse**.
Je suis **ambitieux**.	Je suis **ambitieuse**.
Je suis **optimiste**.	Je suis **optimiste**.
Je suis **dynamique**.	Je suis **dynamique**.

 Regarde les adjectifs. Qu'est-ce qui change? Pourquoi?

APPLICATION

Travaille en groupe. Écris le nom d'une personne sur une feuille. Chaque membre du groupe écrit une phrase pour décrire cette personne. Quand tu reçois ta feuille, lis les descriptions à voix haute.

 **Langue express** pp. 161–162

Pour décrire les détails d'un masque ou d'un maquillage...

Il a des yeux **ronds.**

Il a des sourcils **noirs.**

Il a des dents **blanches.**

Il a un menton **pointu.**

Il a de **grandes** oreilles.

Il a un **gros** cœur sur le visage.

Il a un **petit** cercle sur le front.

Il a de **beaux** cheveux.

Regarde les adjectifs. Quelles sont les différences?

A

B

APPLICATION

Avec un ou une partenaire, lisez les phrases à voix haute. Est-ce que la phrase décrit le masque ou le maquillage?

> **Mon carnet** p. 134

▇▇▇ **Langue express** pp. 161–162

1 As-tu déjà fait un
masque ou un maquillage?

> **Mon carnet** p. 135

2 Regarde les photos.

* Que fait le maquilleur?

* Quels renseignements
  est-ce qu'il va te donner?

> **Mon carnet** p. 136

3 Pour vérifier, regarde
la vidéo.

* Écoute le maquilleur parler
  du maquillage.

STRATÉGIE
pour regarder une vidéo

■ Je regarde les images pour
comprendre le message.

ZOOM
sur le projet!

On utilise quel matériel pour créer ce
maquillage?

Des prothèses, une éponge, un pinceau,
de la peinture...

> **Mon carnet** p. 118

Artiste

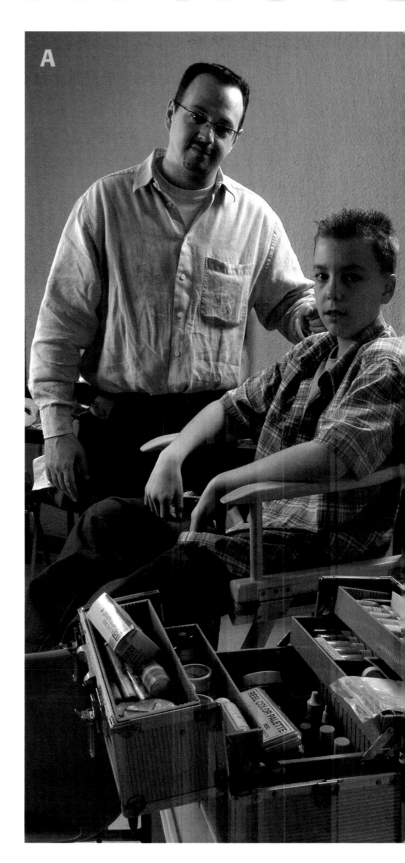

A

à l'œuvre ! 📺

B

B

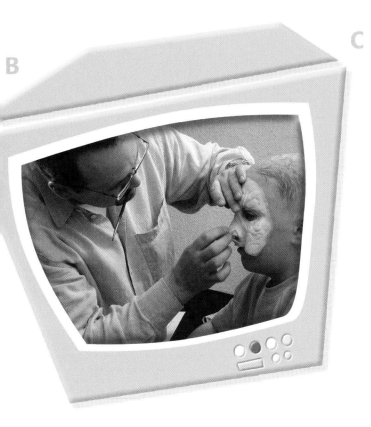

C

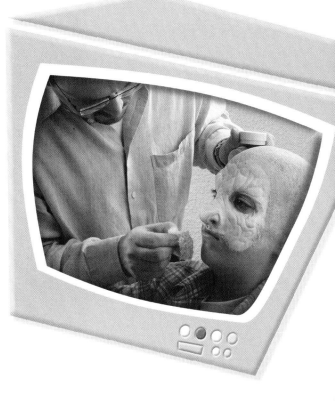

D

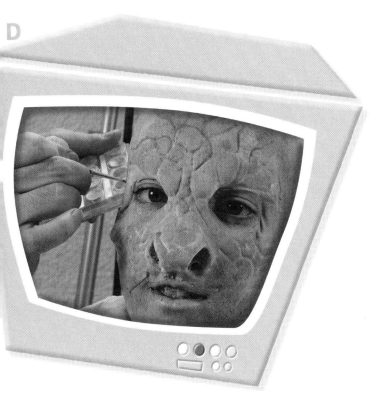

E

Comment ça marche?

Les questions

A. Pour t'informer sur un masque ou un maquillage...

1. Il est de **quelle** couleur, ce maquillage?

2. Il est **comment**, ce maquillage?

3. On utilise **quel** materiel pour créer ce maquillage?

4. Elle exprime **quelle** émotion?

5. **Est-ce que** ce maquillage représente sa personnalité?

6. **Qu'est-ce que** ce maquillage représente?

7. **Où est-ce qu**'on porte ce maquillage?

8. **Pourquoi est-ce qu**'on porte ce maquillage?

Quelle est la différence entre les deux groupes de questions?

APPLICATION

Regarde le maquillage à gauche. Pose les questions ci-dessus à un ou une partenaire. Il ou elle doit choisir la bonne réponse de la liste suivante. Ensuite, changez de rôle.

a) Elle a l'air joyeux.

b) Blanc, noir et rouge.

c) À un festival.

d) Un clown.

e) De la peinture et un pinceau.

f) Pour s'amuser.

g) Oui. Elle est optimiste.

h) Il a un œil en forme de diamant.

> **Mon carnet** p. 137

Langue express p. 168

B. Pour varier la structure des questions…

Tu utilises du matériel recyclé?

Est-ce que tu utilises du matériel recyclé?

Utilises-tu du matériel recyclé?

 Quelle est la différence entre ces trois questions?

C. Pour créer un son harmonieux…

Ce maquillage, **exprime-t-il** ta personnalité?

Ce masque, que **représente-t-il**?

Pourquoi **porte-t-on** ce masque?

 Que remarques-tu dans ces questions?

APPLICATION

Avec un ou une partenaire, posez les questions suivantes en utilisant *est-ce que* et l'inversion. Regardez le masque sur cette page et répondez aux questions. Changez de rôle.

- Il représente un animal?
- Il est violet?
- On porte ce masque pour s'amuser?

 TRANSFERT Quand est-ce qu'on peut utiliser ces genres de questions? Pense à d'autres situations.

> **Mon carnet** p. 138

Langue express p. 168

1 Regarde l'exposition de masques et de maquillages.

- Qu'est-ce que tu vois?

- Qu'est-ce que les élèves font?

2 Regarde la vidéo pour vérifier tes observations.

- Elle est organisée comment, cette exposition?

3 Maintenant, préparez votre exposition.

> **Mon carnet** p. 120

STRATÉGIES
d'écriture

■ J'utilise le dictionnaire et d'autres ressources.

■ J'utilise de nouveaux mots et de nouvelles expressions.

STRATÉGIE
d'interaction orale

■ Je donne mon opinion et je respecte les opinions des autres.

■■■ **Guide de la communication**
pp. 178–179

Le pro

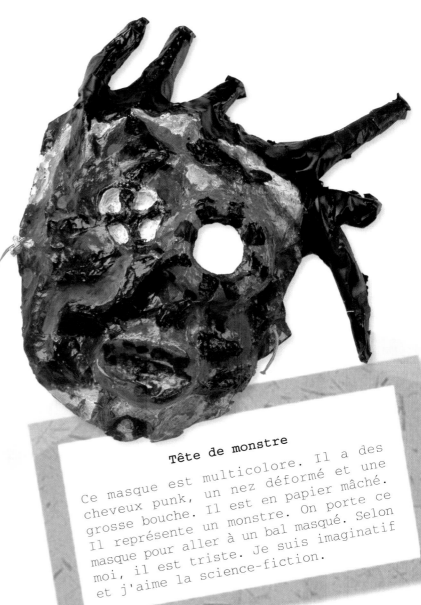

Tête de monstre

Ce masque est multicolore. Il a des cheveux punk, un nez déformé et une grosse bouche. Il est en papier mâché. Il représente un monstre. On porte ce masque pour aller à un bal masqué. Selon moi, il est triste. Je suis imaginatif et j'aime la science-fiction.

Pour plus de renseignements, visite notre site web à :
www.pearsoned.ca/camarche

Culture

1 Le maquillage du danseur algonquin

Un pow-wow est une cérémonie qui permet aux tribus amérindiennes de célébrer leur culture unique.

2 Le maquillage de Pierrot, Italie

Pierrot est un personnage principal dans la comédie italienne, *la Commedia dell'arte*, qui date du XVIe siècle.

3 Le maquillage de l'artiste d'opéra chinois

Dans l'opéra chinois, les personnages masqués et maquillés chantent pour raconter des histoires de leur peuple.

4 Le maquillage du mannequin

Dans les défilés de mode, les mannequins portent souvent des maquillages extravagants. À Paris, il y a des experts de partout au monde.

5 Le masque de la République démocratique du Congo

On porte le masque congolais Kifwebe pour des cérémonies de danse. Ce masque en bois a des traits exagérés.

6 Le masque du Mexique

Pendant certains festivals mexicains, on porte des masques pour s'amuser et pour raconter des histoires.

158

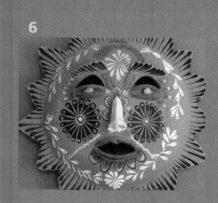

à la carte

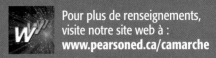
Pour plus de renseignements, visite notre site web à : **www.pearsoned.ca/camarche**

12

7 Le masque du Bali, Indonésie

Durant les cérémonies rituelles, les Balinais portent un masque en bois pour raconter des mythes de l'Indonésie. C'est généralement un masque en forme de tête d'animal.

8 Le masque de Catwoman

Aujourd'hui, les superhéros de bandes dessinées sont de plus en plus populaires comme vedettes de films, par exemple, *Batman*, *Spiderman*, *X-Men*, etc.

9 Le maquillage de Marcel Marceau

Depuis 1947, le mime français Marcel Marceau est célèbre pour son personnage Bip au visage blanc.

10 Le masque du Fantôme de l'Opéra

Gaston Leroux a écrit le roman *Le Fantôme de l'Opéra* en 1911. Le film et la comédie musicale sont des adaptations du livre.

11 Le maquillage de Kiss

Gene Simmons, dans le groupe rock Kiss, est bien connu pour son maquillage expressif et rebelle.

12 Le maquillage dans le Cirque du Soleil

Le maquillage joue un rôle très important dans les spectacles du Cirque du Soleil, un cirque d'origine québécoise.

11

10

7

8

9

159

Langue *express*

A Les adjectifs possessifs

On utilise les adjectifs possessifs pour indiquer une relation de possession.

Comme tous les adjectifs, l'adjectif possessif s'accorde en *genre* (masculin ou féminin) et en *nombre* (singulier ou pluriel) avec le nom qu'il accompagne.

mon	J'ai **un** jeu vidéo.	C'est **mon** jeu vidéo.
ma	J'ai **une** calculatrice.	C'est **ma** calculatrice.
mes	J'ai **des** devoirs.	Ce sont **mes** devoirs.
ton	Tu as **un** ballon de basket.	C'est **ton** ballon de basket.
ta	Tu as **une** musique préférée.	C'est **ta** musique préférée.
tes	Tu as **des** réponses.	Ce sont **tes** réponses.
son	Elle a **un** livre.	C'est **son** livre.
sa	Il a **une** planche à roulettes.	C'est **sa** planche à roulettes.
ses	Il a **des** histoires.	Ce sont **ses** histoires.
notre	Nous avons **un** jeu préféré.	C'est **notre** jeu préféré.
	Nous avons **une** calculatrice.	C'est **notre** calculatrice.
nos	Nous avons **des** devoirs.	Ce sont **nos** devoirs.
	Nous avons **des** amies.	Ce sont **nos** amies.
votre	Vous avez **un** ballon de basket.	C'est **votre** ballon de basket.
	Vous avez **une** matière préférée.	C'est **votre** matière préférée.
vos	Vous avez **des** copains.	Ce sont **vos** copains.
	Vous avez **des** idées.	Ce sont **vos** idées.
leur	Ils ont **un** problème.	C'est **leur** problème.
	Elles ont **une** activité.	C'est **leur** activité.
leurs	Ils ont **des** casiers.	Ce sont **leurs** casiers.
	Elles ont **des** réponses.	Ce sont **leurs** réponses.

Attention! Devant les noms féminins singuliers qui commencent par une voyelle (*a, e, i, o, u, y*) ou un *h* muet, *ma*, *ta*, *sa* changent en ***mon***, ***ton***, ***son***.

J'ai **une** amie.	C'est **mon** amie.
Tu as **une** idée.	C'est **ton** idée.
Elle a **une** histoire.	C'est **son** histoire.

Les adjectifs qualificatifs

1. L'accord de l'adjectif

L'adjectif s'accorde toujours en *genre* (masculin et féminin) et en *nombre* (singulier et pluriel) avec le nom.

masculin singulier	féminin singulier	masculin pluriel	féminin pluriel
fort	forte	forts	fortes
intelligent	intelligente	intelligents	intelligentes
réservé	réservée	réservés	réservées
spontané	spontanée	spontanés	spontanées

Attention! Plusieurs adjectifs prennent des formes différentes.

> Les adjectifs qui se terminent en *e* ne changent pas au féminin.

masculin singulier	féminin singulier	masculin pluriel	féminin pluriel
drôle	drôle	drôles	drôles
dynamique	dynamique	dynamiques	dynamiques
énergique	énergique	énergiques	énergiques

> Les adjectifs qui se terminent en *eux* changent en *euse* au féminin.

masculin singulier	féminin singulier	masculin pluriel	féminin pluriel
courageux	courageuse	courageux	courageuses
curieux	curieuse	curieux	curieuses
généreux	généreuse	généreux	généreuses
sérieux	sérieuse	sérieux	sérieuses

> Les adjectifs qui se terminent en *if* changent en *ive* au féminin.

masculin singulier	féminin singulier	masculin pluriel	féminin pluriel
actif	active	actifs	actives
créatif	créative	créatifs	créatives
imaginatif	imaginative	imaginatifs	imaginatives
sportif	sportive	sportifs	sportives

> Les adjectifs qui se terminent en *al* changent en *aux* au masculin pluriel.

masculin singulier	féminin singulier	masculin pluriel	féminin pluriel
loyal	loyale	loyaux	loyales

2. La place de l'adjectif

En général, les adjectifs sont placés après le nom.

> un ami **drôle**

> une bouche **ouverte**

Un petit nombre d'adjectifs sont placés avant le nom.

> un **grand** nez

> une **bonne** amie

Voici des adjectifs qui sont généralement placés avant le nom :

ancien / ancienne	grand / grande	nouveau / nouvel* / nouvelle
beau / bel* / belle	gros / grosse	petit / petite
bon / bonne	jeune / jeune	vieux / vieil* / vieille
dernier / dernière	mauvais / mauvaise	

* devant un nom masculin qui commence par une voyelle ou un *h* muet

C | Les adverbes

Pour indiquer les étapes, on utilise des adverbes.

1. Les adverbes de temps

d'abord	ensuite	enfin
en premier	puis	en dernier
	après	finalement

2. Les adverbes ordinaux

un	>	premier / première	>	premièrement
deux	>	deuxième	>	deuxièmement
trois	>	troisième	>	troisièmement
quatre	>	quatrième	>	quatrièmement
cinq	>	cinquième	>	cinquièmement
six	>	sixième	>	sixièmement
sept	>	septième	>	septièmement
huit	>	huitième	>	huitièmement
neuf	>	neuvième	>	neuvièmement
dix	>	dixième	>	dixièmement

D Les articles

L'article précède toujours le nom. L'article indique le *genre* (masculin ou féminin) et le *nombre* (singulier ou pluriel) du nom.

1. Les articles définis

a) Les articles définis sont *le, la, l'* et *les*.

le jeu (masc. sing.)	**les** jeux (masc. plur.)
la machine (fém. sing.)	**les** machines (fém. plur.)

b) On utilise *l'* devant tous les noms **singuliers** (masculins et féminins) qui commencent par une voyelle (*a, e, i, o, u, y*) ou un *h* muet.

l'ami (masc. sing.)	**les** amis (masc. plur.)
l'école (fém. sing.)	**les** écoles (fém. plur.)
l'hiver (masc. sing.)	**les** hivers (masc. plur.)
l'île (fém. sing.)	**les** îles (fém. plur.)

2. Les articles indéfinis

a) Les articles indéfinis sont *un, une* et *des*.

un livre (masc. sing.)	**des** livres (masc. plur.)
une idée (fém. sing.)	**des** idées (fém. plur.)

b) Au **négatif**, *un, une, des* changent en *de* ou *d'*.

Je mange **un** fruit.	Je **ne** mange **pas de** fruit.
Tu lis **une** histoire.	Tu **ne** lis **pas d'**histoire.
Nous avons **des** devoirs.	Nous **n'**avons **pas de** devoirs.

E Les expressions impersonnelles

Les expressions impersonnelles existent seulement à la forme *il*.

1. Il faut…

On utilise l'expression *il faut* ou *il ne faut pas* pour donner des suggestions, des instructions et des ordres. Cette expression est suivie d'un deuxième verbe à l'infinitif.

Il faut aller à l'école à tous les jours!	**Il faut faire** de son mieux.
Il faut aider les amis avec des problèmes.	**Il faut payer** pour ça.

Il ne faut pas voler de la marchandise.

Il ne faut pas manquer les cours.

Il ne faut pas fumer de cigarettes.

2. Il y a…

Regarde ce masque.
Il y a des cercles sur les joues.
Il n'y a pas de lignes droites.

Regarde ce maquillage.
Il y a des fleurs autour des yeux.
Il n'y a pas de cercles sur les joues.

F | Les noms

Un nom désigne une chose, une personne, un animal, un groupe, une idée ou un endroit.

1. Le genre

Chaque nom a un genre; le genre est masculin ou féminin. Pour trouver le genre d'un nom, il faut regarder dans un lexique ou dans un dictionnaire.

2. Les catégories

Il y a deux catégories de noms.

a) Les noms communs

Noms masculins *(n.m.)*	Noms féminins *(n.f.)*
un chat / le chat	une tortue / la tortue
un appartement / l'appartement	une maison / la maison
un bureau / le bureau	une école / l'école
un projet / le projet	une idée / l'idée
un directeur / le directeur	une directrice / la directrice
un pupitre / le pupitre	une porte / la porte
un groupe / le groupe	une table / la table

b) Les noms propres

Les noms propres commencent toujours avec une lettre majuscule.

Des noms de personnes	Des noms de continents et de pays
Alex	l'Afrique *(n.f.)*
Anne	l'Amérique *(n.f.)*
Carlos	la Belgique *(n.f.)*
Francine	le Canada *(n.m.)*
Maria	les États-Unis *(n.m.pl.)*
Nguyen	l'Europe *(n.m.)*
Pierre	la France *(n.f.)*
Samantha	la Guadeloupe *(n.f.)*
Thérèse	la Suisse *(n.f.)*
Xavier	la Martinique *(n.f.)*

Des noms de provinces et de territoires canadiens	
masculin	**féminin**
le Manitoba *(n.m.)*	l'Alberta *(n.f.)*
le Nouveau-Brunswick *(n.m.)*	la Colombie-Britannique *(n.f.)*
le Nunavut *(n.m.)*	l'Île-du-Prince-Édouard *(n.f.)*
l'Ontario *(n.m.)*	la Nouvelle-Écosse *(n.f.)*
le Québec *(n.m.)*	la Saskatchewan *(n.f.)*
les Territoires du Nord-Ouest* *(n.m.pl.)*	Terre-Neuve-et-Labrador *(n.f.)*
le Yukon *(n.m.)*	

* On dit **dans** les Territoires du Nord-Ouest.

G Les partitifs

Pour faire la distinction entre une certaine quantité ou une partie d'un aliment et l'aliment en entier, on utilise le partitif.

1. On utilise *du* avec les noms masculins.

du beurre	**du** lait
du chocolat	**du** sucre
du fromage	**du** sirop d'érable

2. On utilise *de la* avec les noms féminins.

de la cassonade	**de la** moutarde
de la crème glacée	**de la** sauce
de la farine	**de la** vanille

3. On utilise *de l'* avec les noms qui commencent par une voyelle ou un *h* muet.

de l'ail
de l'eau
de l'huile

4. On utilise *des* avec les noms pluriels.

des bananes	**des** œufs
des biscuits	**des** olives
des noix	**des** pois

5. Au négatif, on utilise le mot *de* ou *d'* pour remplacer le partitif.

Je mets **du** fromage.	>	Je **ne** mets **pas de** fromage.
Tu manges **de la** dinde.	>	Tu **ne** manges **pas de** dinde.
Elle ajoute **de l'**ail.	>	Elle **n'**ajoute **pas d'**ail.
Vous préparez **des** biscuits.	>	Vous **ne** préparez **pas de** biscuits.

H Les prépositions avec les lieux géographiques*

1. Les prépositions *au* ou *aux*

On utilise *au* ou *aux* avec les noms de provinces ou pays masculins.

au Manitoba   **au** Québec   **au** Canada   **aux** États-Unis

2. La préposition *en*

On utilise *en* avec les noms de provinces ou pays féminins et les noms de provinces ou pays masculins qui commencent par une voyelle.

en Colombie-Britannique   **en** Nouvelle-Écosse   **en** Alberta   **en** France
en Ontario   **en** Angola

3. La préposition *à*

On utilise *à* avec les noms de villes et d'îles.

à Victoria   **à** Calgary   **à** Terre-Neuve-et-Labrador   **à** l'Île-du-Prince-Édouard

* Regarde la page 165 pour la liste de provinces et territoires canadiens.

I Les pronoms

1. Le pronom *on*

Le pronom *on* est toujours utilisé comme sujet d'un verbe. Le pronom *on* est conjugué à la 3e personne du singulier. Le pronom *on* peut signifier :

a) Nous

Nous allons à l'école.	**On** va à l'école.
Qu'est-ce que **nous** faisons ce soir?	Qu'est-ce qu'**on** fait ce soir?
Quand allons-**nous** présenter notre projet?	Quand va-t-**on** présenter notre projet?

b) Les gens

Les gens peuvent visiter le musée tous les jours.

On peut visiter le musée tous les jours.

Si les gens travaillent, ils gagnent de l'argent.

Si on travaille, on gagne de l'argent.

Quand les gens vont en vacances, ils apportent leurs bagages.

Quand on va en vacances, on apporte ses bagages.

c) Quelqu'un

Quelqu'un parle dans le corridor.

On parle dans le corridor.

Si quelqu'un téléphone, dis que je ne suis pas là.

Si on téléphone, dis que je ne suis pas là.

2. Le pronom *y*

Le pronom *y* peut remplacer une préposition de lieu (*à, en, dans, sur, près de, chez*, etc.) et le nom d'un endroit ou d'une chose.

a) Dans une phrase au présent, *y* précède le verbe.

– Pierre va **en Europe** cet été?   > – Pierre **y** va cet été?

– Oui, il **y** va.

– Habitez-vous **dans les montagnes Rocheuses**?   > – **Y** habitez-vous?

– Oui, nous **y** habitons.

– Tu ne vas pas **chez ton oncle**?   > – Tu n'**y** vas pas?

– Non, je n'**y** vais pas.

– On ne trouve pas de montagnes **chez nous**?   > – On n'**y** trouve pas de montagnes?

– Non, on n'**y** trouve pas de montagnes.

b) Dans une phrase où il y a deux verbes, *y* précède le verbe à l'infinitif.

– Est-ce que vous aimez nager **dans le lac**?   > – Est-ce que vous aimez **y** nager?

– Oui, nous aimons **y** nager.

– José ne veut pas faire un voyage **à la Guadeloupe**?   > – José ne veut pas **y** faire un voyage?

– Non, il ne veut pas **y** faire un voyage.

– Est-ce qu'on peut faire du ski **en France**?   > – Est-ce qu'on peut **y** faire du ski?

– Oui, on peut **y** faire du ski.

Attention! je + y = j'y   ne + y = n'y

J Les questions

1. L'intonation, la voix monte

Tu aimes le sport?　　　　　　　　　Ce masque, il exprime ta personnalité?

2. Est-ce que...? / Est-ce qu'...?

Quand on pose une question avec *est-ce que* ou *est-ce qu'*, on répond toujours par *oui* ou *non*.
Quand on répond au négatif, on met *ne / n'... pas* autour du premier verbe.

Est-ce que tu aimes le sport?	**Oui,** j'aime le sport.	**Non,** je **n'**aime **pas** le sport.
Ce masque, **est-ce qu'**il exprime ta personnalité?	**Oui,** ce masque exprime ma personnalité.	**Non,** ce masque **n'**exprime **pas** ma personnalité.
Est-ce que tu aimes les desserts au chocolat?	**Oui,** j'aime les desserts au chocolat.	**Non,** je **n'**aime **pas** les desserts au chocolat.
Est-ce que tu aimes faire du vélo?	**Oui,** j'aime faire du vélo.	**Non,** je **n'**aime **pas** faire du vélo.
Est-ce que vous aimez les voitures?	**Oui,** nous aimons les voitures.	**Non,** nous **n'**aimons **pas** les voitures.
Est-ce que vous aimez aller au cinéma?	**Oui,** nous aimons aller au cinéma.	**Non,** nous **n'**aimons **pas** aller au cinéma.

Attention! *Est-ce que* devient *est-ce qu'* et *ne* devient *n'* devant une voyelle ou un *h* muet.

3. L'inversion

Aimes-tu le sport?

Ce masque, **exprime-t-il** ta personnalité?

Attention! On ajoute *-t-* quand le verbe se termine par une voyelle.

4. Des mots interrogatifs

Qu'est-ce que ce maquillage représente?　　　**Où** est-ce qu'on porte ce maquillage?

Il est **en quoi**, ce masque?　　　**Pourquoi** est-ce qu'on porte ce masque?

Il est **comment**, ce maquillage?　　　**Quelles** émotions est-ce que ce masque exprime?

Les verbes

1. Le présent de l'indicatif

On utilise le présent de l'indicatif pour :

a) parler d'une **action présente**   >   Nous **étudions** le français.

b) parler d'une **action régulière**   >   Elle **fait** du sport tous les soirs.

c) parler d'un **état général**   >   Ils **sont** fatigués.

Je **finis** mon projet.
Anna **va** au gymnase tous les jours.
Vous **avez** toujours faim!
Si elles **étudient**, elles **réussissent**.

Je **ne finis pas** mon projet.
Anna **ne va pas** au gymnase tous les jours.
Vous **n'avez pas** toujours faim!
Si elles **n'étudient pas,**
elles **ne réussissent pas**.

2. Les verbes réguliers en *-er*, *-ir* et *-re*

Observe les terminaisons des verbes. On utilise ces terminaisons pour conjuguer les verbes réguliers de chaque groupe.

couper	choisir	attendre
je coup**e**	je chois**is**	j'attend**s**
tu coup**es**	tu chois**is**	tu attend**s**
il / elle / on coup**e**	il / elle / on chois**it**	il / elle / on attend
nous coup**ons**	nous chois**issons**	nous attend**ons**
vous coup**ez**	vous chois**issez**	vous attend**ez**
ils / elles coup**ent**	ils / elles chois**issent**	ils / elles attend**ent**

3. Les verbes irréguliers

Les verbes irréguliers sont tous différents. Il faut apprendre les verbes irréguliers.

a) Les verbes *aller*, *faire*, *couvrir*, *mettre*, *battre* et *prendre*

aller	faire	couvrir
je vais	je fais	je couvre
tu vas	tu fais	tu couvres
il / elle / on va	il / elle / on fait	il / elle / on couvre
nous allons	nous faisons	nous couvrons
vous allez	vous faites	vous couvrez
ils / elles vont	ils / elles font	ils / elles couvrent

mettre	battre	prendre
je mets	je bats	je prends
tu mets	tu bats	tu prends
il / elle / on met	il / elle / on bat	il / elle / on prend
nous mettons	nous battons	nous prenons
vous mettez	vous battez	vous prenez
ils / elles mettent	ils / elles battent	ils / elles prennent

b) Les verbes irréguliers *vouloir*, *pouvoir* et *devoir*

Vouloir est un verbe irrégulier qui exprime le désir ou la détermination.

> Je **veux** une bicyclette.

> Elle **veut** aller au cinéma.

> Nous **ne voulons pas** jouer au tennis.

Pouvoir est un verbe irrégulier qui exprime la possibilité ou la permission.

> Je **peux** faire un voyage avec ma famille.
> Tu **ne peux pas** aller au Mexique?
> Vous **ne pouvez pas** aller en France.

Le verbe *devoir* exprime une instruction, une suggestion ou un ordre. Ce verbe est suivi d'un deuxième verbe à l'infinitif.

> Je **dois** aider mon ami.
> On **ne doit pas** fumer des cigarettes.
> Ils **doivent** dire la vérité.

4. Les verbes de préférence

On utilise les verbes *aimer, adorer, détester* et *préférer* pour exprimer une préférence. Souvent ces verbes sont suivis d'un verbe à l'infinitif.

J'aim**e** les tacos.	J'aim**e manger** des tacos.
Tu aim**es** le jus d'orange.	Tu aim**es boire** du jus d'orange.
Il aim**e** les boissons gazeuses.	Il aim**e boire** des boissons gazeuses.
Nous aim**ons** le hockey.	Nous aim**ons jouer** au hockey.
Vous aim**ez** le ski alpin.	Vous aim**ez faire** du ski alpin.
Elles aim**ent** les ordinateurs.	Elles aim**ent jouer** sur l'ordinateur.

5. L'impératif

a) On utilise l'impératif des verbes pour donner des instructions, des suggestions et des ordres.

b) Pour former l'impératif, on prend la forme du verbe au présent de *tu, nous* et *vous*.

Fais tes devoirs!	**Allons** au cinéma!	**Payez** pour vos achats!
Finis l'école!	**Réfléchissons** avant d'agir!	**Travaillez** fort!

c) Pour les verbes en –*er* et le verbe *aller*, on enlève le *s* pour la forme *tu*.

Refuse de fumer!	**Parle** à tes parents!	**Va** en classe!

Attention! *Va* devient *vas* avant le pronom *y* : *Vas-y!*

d) Au négatif, on met *ne / n'… pas* autour du verbe.

N'achète pas de cigarettes!	**Ne sortons pas** ce soir!	**Ne faites pas** de choix négatifs!
Ne prends pas ça!	**Ne perdons pas** de temps!	**Ne volez pas**!

6. L'infinitif pour donner des directives

Ajouter des épices.	**Choisir** une grosse tomate.	**Attendre** dix minutes.
Casser des œufs.	**Couvrir** le mélange.	**Battre** la crème avec un mixeur.
Couper de l'oignon.	**Finir** le repas avec le dessert.	
Étaler du beurre d'arachide.		**Mettre** le plat au four.
Mélanger les ingrédients.		**Prendre** deux œufs.

Conjugaisons de *verbes*

Verbes réguliers en *–er*

aimer

présent	impératif
j'aime	
tu aimes	aime
il, elle, on aime	
nous aimons	aimons
vous aimez	aimez
ils, elles aiment	

parler

présent	impératif
je parle	
tu parles	parle
il, elle, on parle	
nous parlons	parlons
vous parlez	parlez
ils, elles parlent	

Verbes réguliers en *–ir*

choisir

présent	impératif
je choisis	
tu choisis	choisis
il, elle, on choisit	
nous choisissons	choisissons
vous choisissez	choisissez
ils, elles choisissent	

finir

présent	impératif
je finis	
tu finis	finis
il, elle, on finit	
nous finissons	finissons
vous finissez	finissez
ile, elles finissent	

Verbes réguliers en *–re*

attendre

présent	impératif
j'attends	
tu attends	attends
il, elle, on attend	
nous attendons	attendons
vous attendez	attendez
ils, elles attendent	

défendre

présent	impératif
je défends	
tu défends	défends
il, elle, on défend	
nous défendons	défendons
vous défendez	défendez
ils, elles défendent	

Verbes irréguliers

acheter

présent	impératif
j'achète	
tu achètes	achète
il, elle, on achète	
nous achetons	achetons
vous achetez	achetez
ils, elles achètent	

aller

présent	impératif
je vais	
tu vas	va
il, elle, on va	
nous allons	allons
vous allez	allez
ils, elles vont	

avoir

présent	impératif
j'ai	
tu as	aie
il, elle, on a	
nous avons	ayons
vous avez	ayez
ils, elles ont	

battre

présent	impératif
je bats	
tu bats	bats
il, elle, on bat	
nous battons	battons
vous battez	battez
ils, elles battent	

boire

présent	impératif
je bois	
tu bois	bois
il, elle, on boit	
nous buvons	buvons
vous buvez	buvez
ils, elles boivent	

comprendre

présent	impératif
je comprends	
tu comprends	comprends
il, elle, on comprend	
nous comprenons	comprenons
vous comprenez	comprenez
ils, elles comprennent	

couvrir

présent	impératif
je couvre	
tu couvres	couvre
il, elle, on couvre	
nous couvrons	couvrons
vous couvrez	couvrez
ils, elles couvrent	

devoir

présent	impératif
je dois	
tu dois	dois
il, elle, on doit	
nous devons	devons
vous devez	devez
ile, elles doivent	

dire

présent	impératif
je dis	
tu dis	dis
il, elle, on dit	
nous disons	disons
vous dites	dites
ils, elles disent	

écrire

présent	impératif
j'écris	
tu écris	écris
il, elle, on écrit	
nous écrivons	écrivons
vous écrivez	écrivez
ils, elles écrivent	

essayer

présent	impératif
j'essaie	
tu essaies	essaie
il, elle, on essaie	
nous essayons	essayons
vous essayez	essayez
ils, elles essaient	

être

présent	impératif
je suis	
tu es	sois
il, elle, on est	
nous sommes	soyons
vous êtes	soyez
ils, elles sont	

faire

présent	impératif
je fais	
tu fais	fais
il, elle, on fait	
nous faisons	faisons
vous faites	faites
ils, elles font	

lire

présent	impératif
je lis	
tu lis	lis
il, elle, on lit	
nous lisons	lisons
vous lisez	lisez
ils, elles lisent	

manger

présent	impératif
je mange	
tu manges	mange
il, elle, on mange	
nous mangeons	mangeons
vous mangez	mangez
ils, elles mangent	

mettre

présent	impératif
je mets	
tu mets	mets
il, elle, on met	
nous mettons	mettons
vous mettez	mettez
ils, elles mettent	

pouvoir

présent

je peux
tu peux
il, elle, on peut
nous pouvons
vous pouvez
ils, elles peuvent

impératif

(très rare)

préférer

présent

je préfère
tu préfères
il, elle, on préfère
nous préférons
vous préférez
ils, elles préfèrent

impératif

préfère

préférons
préférez

prendre

présent

je prends
tu prends
il, elle, on prend
nous prenons
vous prenez
ils, elles prennent

impératif

prends

prenons
prenez

rire

présent

je ris
tu ris
il, elle, on rit
nous rions
vous riez
ils, elles rient

impératif

ris

rions
riez

savoir

présent

je sais
tu sais
il, elle, on sait
nous savons
vous savez
ils, elles savent

impératif

sache

sachons
sachez

venir

présent

je viens
tu viens
il, elle, on vient
nous venons
vous venez
ils, elles viennent

impératif

viens

venons
venez

voir

présent

je vois
tu vois
il, elle, on voit
nous voyons
vous voyez
ils, elles voient

impératif

vois

voyons
voyez

vouloir

présent

je veux
tu veux
il, elle, on veut
nous voulons
vous voulez
ils, elles veulent

impératif

(très rare)

Stratégies pour *m'aider*

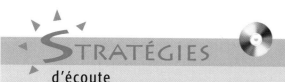

STRATÉGIES
d'écoute

- J'utilise mes expériences personnelles.
- J'utilise le contexte.
- Je fais des prédictions et je vérifie mes prédictions.
- Je cherche des mots familiers.
- J'écoute l'intonation et le ton de la voix.

- J'écoute une première fois pour comprendre le sens général.
- J'écoute de nouveau pour trouver des informations précises.

STRATÉGIES
pour bien parler

- J'utilise de nouveaux mots et de nouvelles expressions.
- Je fais attention à la prononciation.
- J'exprime mes idées avec des phrases simples.
- Je parle assez fort et clairement.

- Je varie l'intonation et le ton de ma voix.
- J'utilise une aide visuelle.
- Je regarde l'auditoire.
- Je me corrige si je fais des erreurs.

STRATÉGIES
d'interaction orale

- Je prends des risques. Je fais des efforts pour parler français.
- Je pose des questions quand je ne comprends pas.
- Je donne mon opinion et je respecte les opinions des autres.

- J'exprime un accord ou un désaccord de façon positive.
- Je respecte les autres dans la classe.
- Je participe activement au travail de groupe.

STRATÉGIES
pour regarder une vidéo

- ■ J'utilise le contexte.
- ■ Je fais des prédictions et je vérifie mes prédictions.
- ■ Je regarde les gestes et les expressions.

- ■ J'écoute l'intonation et le ton de la voix.
- ■ Je regarde les images pour avoir des idées.
- ■ Je regarde les images pour comprendre le message.

STRATÉGIES
de lecture

- ■ Je lis les titres.
- ■ Je regarde les images.
- ■ J'identifie le contexte.
- ■ Je cherche des mots familiers.

- ■ Je cherche des mots-amis.
- ■ Je cherche les mots difficiles dans un dictionnaire.
- ■ Je lis pour comprendre le sens général.
- ■ Je relis pour trouver des informations précises.

STRATÉGIES
d'écriture

- ■ J'utilise le dictionnaire et d'autres ressources.
- ■ J'utilise de nouveaux mots et de nouvelles expressions.
- ■ Je fais un brouillon.
- ■ Je vérifie mon texte.

- ■ Je demande à un ou une partenaire de vérifier mon texte.
- ■ Je fais des corrections.
- ■ J'écris la version finale de mon texte.

Guide de la *communication*

Je pose des questions quand je ne comprends pas.

Je ne comprends pas. Est-ce que tu peux répéter, s'il te plaît?

Est-ce que tu peux expliquer, s'il te plaît?

Que veut dire le mot… ?

Est-ce que tu peux parler plus lentement, s'il te plaît?

Est-ce que tu peux parler plus fort, s'il te plaît?

Je prends des risques. Je fais des efforts pour parler français.

Comment dit-on … en français?

Je vais expliquer d'une autre façon.

Je vais donner un exemple.

C'est comme…

Voici ce que je veux dire.

Je donne mon opinion et je respecte les opinions des autres.

À mon avis,…

Selon moi,…

Je pense que…

J'ai une suggestion.

Et toi? Quelle est ton opinion?

Es-tu d'accord?

En es-tu certain(e)?

Qu'est-ce que tu veux faire?

As-tu une suggestion?

J'exprime un accord ou un désaccord de façon positive.

Absolument!

D'accord!

Tu as raison.

C'est vrai.

Ça m'est égal.

Bonne idée! / Bonne suggestion!

C'est ça!

Pourquoi pas!

Je ne sais pas.

Je ne suis pas d'accord.

Je ne partage pas ton opinion.

Peut-être.

C'est possible.

C'est vrai, mais…

Je ne pense pas que ça va fonctionner.

Que penses-tu de ce compromis?

Je respecte les autres dans la classe.

Parlons moins fort.

Parlez à voix basse, s'il vous plaît.

Écoutez, c'est le tour de … de parler.

Vous avez besoin de papier? On a plusieurs feuilles.

Avez-vous fini? Est-ce qu'on peut emprunter le marqueur noir?

Je refuse une proposition.

Non, merci.

Désolé, mais…

Merci, mais…

Hmm… Je ne pense pas.

Mon œil!

C'est dégueulasse!

C'est moche!

Je n'ai pas besoin de ça.

Ça ne m'intéresse pas.

Ce n'est pas honnête.

Pas vraiment.

Sûrement pas!

Absolument pas!

Jamais de la vie!

Pas question!

Mais non!

Pas du tout!

Mais voyons!

C'est à moi de choisir!

Je ne veux pas le faire.

Ce n'est pas bien.

Je joue à un jeu.

C'est à toi.

C'est à ton tour.

As-tu la réponse?

Peux-tu répondre?

C'est ta réponse finale?

Et toi?

On marque un point?

C'est ça.

Bravo. C'est correct.

Bon effort.

À qui le tour?

Non, ce n'est pas correct.

Non, ce n'est pas exactement ça.

C'est un point pour notre équipe.

Lexique

adj.   adjectif
      (*inv.* invariable)
adv.   adverbe
conj.   conjonction
exp.   expression
loc.   locution
n.m.   nom masculin
n.f.   nom féminin
pl.   pluriel
prép.   préposition
pron.   pronom
pron. pers.   pronom personnel
v.   verbe

A

à bord de *loc.* on board
à côté de *prép.* beside
à droite *loc. adv.* on the right
à gauche *loc. adv.* on the left
à propos de *prép.* about, concerning
à ton avis *exp.* in your opinion
abaisser *v.* to lower, to reduce
absolument *adv.* absolutely, of course
un **accord** *n.m.* agreement
les **achats** *n.m.pl.* purchases
une **activité** *v.* activity; une **activité de loisir** *n.f.* leisure activity
affectueux, affectueuse *adj.* affectionate
une **affiche** *n.f.* poster
l'**Afrique** *n.f.* Africa
un(e) **agent(e) touristique** (de voyage) *n.m.,f.* travel agent
l'**ail** *n.m.* garlic
ailleurs *adv.* elsewhere
ajouter *v.* to add

aller à la ruine *loc. verbale* to be destroyed, to wreck your life
Allons-y! *loc. verbale* Let's go!
allume *v.* light up; **allumer** *v.* to light, to light up (a cigarette)
Alors là! *exp.* Oh, well that does it!
amérindien, amérindienne *adj.* Native American
l'**Amérique du Nord** *n.f.* North America
un(e) **ami(e)** *n.m.,f.* friend
l'**amitié** *n.f.* friendship
s'**amuser** *v.* to have fun, to amuse oneself; **amusant(e)** *adj.* amusing, funny
un **ananas** *n.m.* pineapple
ancien(ne) *adj.* ancient, old
l'**Angleterre** *n.f.* England
un **animateur**, une **animatrice** *n.m.,f.* host (television or radio)
l'**anniversaire** *n.m.* birthday
une **annonce publicitaire** *n.f.* advertisement
des **annonces** *n.f.pl.* announcements, news, ads
apparaître *v.* to appear
s'**appeler** *v.* to be called
un **appareil photo** *n.m.* camera
apporter *v.* to bring
apprécier *v.* to appreciate
apprendre *v.* to learn
aquatique *adj.* relating to water
l'**argent** *n.m.* money
l'**argile** *n.f.* clay
l'**arrivée** *n.f.* arrival

arrondi(e) *adj.* round, rounded
l'**artisanat** (local) *n.m.* local crafts, handicrafts
un **aspect** *n.m.* feature (geographic)
l'**assemblage** *n.m.* assembly, group of persons gathered together for a specific purpose
assister *v.* to attend, to be present at
attendre *v.* to wait
attirer *v.* to attract
attrayant(e) *adj.* attractive, appealing
au-dessus de *adv.* above
autochtone *adj.* indigenous, native
l'**automne** *n.m.* autumn, fall
avancer *v.* to advance, to speed up
avant (de) *prép.* before
un **avion** *n.m.* plane
un **avocat** *n.m.* avocado
avoir besoin de *loc. verbale* to need (something)
avoir envie de *loc. verbale* to want to

B

une **baie** *n.f.* bay (as in Hudson's Bay)
une **baleine** *n.f.* whale
une **banane** *n.f.* banana
des **bandes dessinées** *n.f.pl.* comic books, comic strips
la **bannique** *n.f.* bannock, bread cooked on a griddle or over a fire

au **bas de la page** *exp.* at the bottom of the page

un **bateau** *n.m.* boat; un **bateau de pêche** *n.m.* fishing boat; un **bateau à aubes** *n.m.* paddleboat

battre *v.* to beat

battu(e) *adj.* beaten (as in eggs)

bavard(e) *adj.* talkative

un **bayou** *n.m.* bayou, swamp

un **beau-père** *n.m.* stepfather

beaucoup *adv.* a lot

un **beignet** *n.m.* doughnut

la **Belgique** *n.f.* Belgium

le **beurre** *n.m.* butter; le **beurre d'arachide** *n.m.* peanut butter

beurrer *v.* to cover with butter

une **bibliothèque** *n.f.* library

la **bienvenue** *n.f.* welcome

un **bijou** *n.m.* jewel

un **billet d'avion** *n.m.* plane ticket

un **biscuit** *n.m.* cookie

une **blague** *n.f.* joke

blanc, blanche *adj.* white

un **bleuet** *n.m.* blueberry

le **bois** *n.m.* wood

une **boîte** *n.f.* can, box

un **bol** *n.m.* bowl

un **bonbon** *n.m.* candy

les **bons choix** *n.m.pl.* the right choices

un **bord** *n.m.* edge, rim

bouger *v.* to move

bouilli(e) *adj.* boiled

bouillir *v.* to boil, to bring to a boil

un **bouillon** *n.m.* stock, soup

une **boule** *n.f.* ball

briller *v.* to shine

un **brouillon** *n.m.* rough draft

une **bûche** *n.f.* log; une **Bûche de Noël** *n.f.* yule log

un **but** *n.m.* goal

C

un **cadre** *n.m.* border, frame

Cajun *n.m.,f. inv. en genre, var. en nombre* people of Francophone origin in Louisiana; **cajun** *adj. inv. en genre, var. en nombre* related to the culture of the Cajuns

une **calculatrice** *n.f.* calculator

un / une **camarade** *n.m.,f.* classmate, peer

Ça m'est égal *exp.* I don't care.

le **Cameroun** *n.m.* Cameroon

un **camion** *n.m.* truck

une **campagne** *n.f.* campaign; une **campagne de sensibilisation** *n.f.* awareness campaign

la **capitale** *n.f.* capital (city)

capter *v.* to capture

un **carré** *n.m.* square

une **carte** *n.f.* map, card

une **cascade** *n.f.* falls (as in Ouzoud Falls)

un **casier** *n.m.* locker

casser *v.* to break

une **casserole** *n.f.* saucepan

la **cassonade** *n.f.* brown sugar

causer *v.* to cause

célèbre *adj.* famous; **célébrer** *v.* to celebrate; un(e) **célébrité(e)** *n.m.,f.* celebrity

un **cendrier** *n.m.* ashtray

un **centre d'achats** *n.m.* shopping centre

un **centre commercial** *n.m.* shopping centre

un **cercle** *n.m.* circle

C'est dégueulasse! *exp.* That's disgusting!

le **cerveau** *n.m.* brain

un **chalet** *n.m.* cottage

un **chameau** *n.m.* camel

un **champignon** *n.m.* mushroom

une **chandelle** *n.f.* candle

un **chanteur**, une **chanteuse** *n.m.,f.* singer

chaud(e) *adj.* warm

chauffer *v.* to warm up, to heat up

chercher *v.* to look for, to search for

des **cheveux** *n.m.pl.* hair

chinois(e) *adj.* Chinese

choisir *v.* to choose

un **choix** *n.m.* choice

une **chorale** *n.f.* choir

des **choses** *n.f.pl.* things

des **chutes** *n.f.pl.* falls (as in Ouzoud Falls)

ci-dessus *loc. adv.* above

le **ciel** *n.m.* sky

un **cimetière** *n.m.* cemetery

le **cœur** *n.m.* heart (the organ)

coincé(e) *adj.* uptight

coller *v.* to glue, to stick

une **colline** *n.f.* hill

la **Colombie-Britannique** *n.f.* British Columbia

une **communauté** *n.f.* community

une **compote** *n.f.* stewed fruit

compréhensif, compréhensive *adj.* understanding

comprendre *v.* to understand

un **compromis** *n.m.* compromise

un **concours** *n.m.* contest, competition

congelé(e) *adj.* frozen

la **connaissance** *n.f.* knowledge

connaître *v.* to know

un **conseil** *n.m.* advice

contenir *v.* to contain

un **copain**, une **copine** *n.m.,f.* friend

un(e) **correspondant(e)** *n.m.,f.* correspondent

corriger *v.* to correct

costumé(e) *adj.* in costume

se **coucher** *v.* to go to bed, to set (sun)

d'**un coup d'œil** *loc.* at a glance

couper *v.* to cut

courageux, courageuse *adj.* courageous

une **courge** *n.f.* squash

un **courriel** *n.m.* e-mail

un **cours** *n.m.* class (as in course)

une **course** *n.f.* race (as in a foot race)

une **course automobile** *n.f.* motor race

couvert(e) *adj.* covered

créer *v.* to create

la **crème** *n.f.* cream; la **crème fouettée** *n.f.* whipped cream; la **crème glacée** *n.f.* ice cream

une **crêpe** *n.f.* crepe, thin pancake

une **crevette** *n.f.* shrimp

crier *v.* to yell

une **croisière** *n.f.* cruise

un **croissant** *n.m.* buttery crescent-shaped pastry

une **croûte** *n.f.* crust

cru(e) *adj.* raw, uncooked

une **cuillère** *n.f.* spoon; une **cuillère à soupe** *n.f.* tablespoon; une **cuillère à thé** *n.f.* teaspoon

cuire *v.* to cook; **cuit(e)** *adj.* cooked

la **cuisine** *n.f.* kitchen; cooking

cultiver *v.* to cultivate

D

d'abord *adv.* first

dans *prép.* in

dater de *v.* to date back to

le **début** *n.m.* beginning

découper *v.* to cut (up)

découvrir *v.* to discover

décrire *v.* to describe

un **défi** *n.m.* challenge

un **défilé** *n.m.* parade; un **défilé de mode** *n.m.* fashion show

dégueulasse *adj.* disgusting

se **déguiser** *v.* to dress up in costume

déguster *v.* to sample, to taste

dehors *adv.* outside

déjà *adv.* already

demain *adv.* tomorrow

démasquer *v.* to unmask, to expose

demeurer *v.* to reside

les **dents** *n.f.pl.* teeth

une **dépendance** *n.f.* addiction (to cigarettes, drugs, alcohol)

un **dépliant** *n.m.* brochure

diplomate *adj.* showing skill in dealing with others

depuis *prép.* since

un **désaccord** *n.m.* disagreement

désolé(e) *adj.* sorry

un **dessin** *n.m.* drawing

dessus *adv.* above, on top; le **dessus** *n.m.* top

détaillé(e) *adj.* detailed

déterminé(e) *adj.* determined

le(s) **devoir(s)** *n.m.s. / pl.* homework

devoir *v.* to have to (do something)

un **dieu** *n.m.* a god

difficile *adj.* difficult

une **dinde** *n.f.* turkey

dire *v.* to say

un **directeur** / une **directrice musicale** *n.m.,f.* director of music, conductor

une **directive** *n.f.* direction, instruction

disparaître *v.* to disappear

se **divertir** *v.* to amuse oneself

un **divertissement** *n.m.* entertainment

donner des conseils *loc. verbale* to give advice

doré(e) *adj.* browned, golden, the colour gold

un **dossier de presse** *n.m.* press kit

doucement *adv.* gently

doux, douce *adj.* mild

un **drapeau** *n.m.* flag

drôle *adj.* funny

un **dromadaire** *n.m.* camel with one hump

E

l'**eau** *n.f.* water

l'**ébullition** *n.f.* boiling

un **échange** (culturel) *n.m.* exchange (of goods) (to another place); **échanger** *v.* to exchange; **participer à un échange** *exp.* to go on an exchange

l'**école buissonnière** *exp.* playing hooky, skipping/cutting class

une **écrevisse** *n.f.* crayfish

un **édifice** *n.m.* building

élaboré(e) *adj.* elaborate

embêter *v.* to annoy

une **émission** *n.f.* (television or radio) program; une **émission de cuisine** *n.f.* cooking show;

une **émission ligne ouverte** *n.f.* open-line program; une **émission tribune** *n.f.* news program

emprunter *v.* to borrow

en dernier *adv.* lastly

en premier *adv.* first

encourager *v.* to encourage

un **endroit** *n.m.* place, spot

énergique *adj.* energetic

enfin *adv.* finally

enfoncer *v.* to put into

ensuite *adv.* then, next

l'**envie** *n.f.* desire

épais, épaisse *adj.* thick; un **épaississement** *n.m.* thickening

épeler *v.* to spell

une **épice** *n.f.* spice

une **éponge** *n.f.* sponge

une **équipe** *n.f.* team

un **érable** *n.m.* maple (tree)

l'**espace** *n.m.* (outer) space

l'**esprit** *n.m.* spirit

essayer *v.* to try

l'**est** *adj. inv., n.m.* east

l'**estomac** *n.m.* stomach

étaler *v.* to spread

une **étape** *n.f.* step

les **États-Unis** *n.m.pl.* United States

l'**été** *n.m.* summer

une **ethnie** *n.f.* cultural, ethnic, linguistic group; **ethnique** *adj.* ethnic, typical of a cultural group

une **étoile** *n.f.* star

être à cheval sur les principes *exp.* to be a stickler for principles

être un mordu du sport *exp.* to be passionate about sports

un **événement** *n.m.* event

évidemment *adv.* obviously, evidently

une **exposition** *n.f.* exhibit

exprimer *v.* to express (an emotion)

F

une **façon** *n.f.* way, manner in which to do something

faciliter *v.* to make easier

facultatif, facultative *adj.* optional

faire *v.* to make, to do

faire attention *exp.* to pay attention

faire confiance à (quelqu'un) *loc. verbale* to trust (someone)

faire l'école buissonnière *loc. verbale* to play hooky, to skip/cut class

faire de la planche à neige *loc. verbale* to go snowboarding

faire du ski *loc. verbale* to go skiing

faire une suggestion *loc. verbale* to make a suggestion

faire la valise *loc. verbale* to pack (a suitcase)

familier, familière *adj.* familiar

farci(e) *adj.* stuffed

la **farine** *n.f.* flour

un **fauteuil** *n.m.* chair; un **fauteuil roulant** *n.m.* wheelchair

fermé(e) *adj.* closed

une **fête** *n.f.* party, festival, celebration; **fêter** *v.* to celebrate

le **feu** *n.m.* heat; **à feu doux** *exp.* at low heat

une **feuille** (de papier) *n.f.* sheet of paper

les **feux d'artifice** *n.m.pl.* fireworks

finalement *adv.* finally

finir *v.* to finish

un **fjord** *n.m.* long narrow bay of the sea between high banks or cliffs

un **fleuve** *n.m.* river

les **flocons d'avoine** *n.m.pl.* rolled oats

une **foire** *n.f.* fair

folklorique *adj.* having to do with the beliefs, legends, customs of a people/tribe

fonctionner *v.* to work, to function

un **fond** *n.m.* bottom

fondu(e) *adj.* melted

la **fondue** *n.f.* a dish consisting of small pieces of food (usually bread) dipped into hot liquid (usually cheese)

un **fouet** *n.m.* whisk

un **four** *n.m.* oven

fréquemment *adv.* frequently

frit(e) *adj.* fried; les **frites** *n.f.pl.* French fries

froid(e) *adj.* cold

le **fromage** *n.m.* cheese

le **front** *n.m.* forehead

une **frontière** *n.f.* border (geographic)

les **fruits secs** *n.m.pl.* dried fruit

la **fumée** *n.f.* smoke (as in cigarette smoke); **fumer** *v.* to smoke; la **fumée secondaire** *exp.* second-hand smoke

G

gagnant(e) *adj.* winning
le **gâteau** *n.m.* cake
une **gaufre** *n.f.* waffle
géant(e) *adj.* gigantic
les **gencives** *n.f.pl.* gums (in your mouth)
un **geste** *n.m.* gesture
la **glace** *n.f.* ice
glisser *v.* to slide; une **glissoire** *n.f.* slide
la **gorge** *n.f.* throat
un **goût** *n.m.* taste; un **goûter** *n.m.* snack
grandir *v.* to grow, to grow up
gros(se) *adj.* big, large
un **groupe** *n.m.* band (music)
le **gumbo** *n.m.* gumbo, a spicy cajun-style soup

H

un(e) **habitant(e)** *n.m.,f.* inhabitant
haché(e) *adj.* ground (as in ground beef), chopped
un **haricot** *n.m.* bean
en **haute mer** *exp.* at sea
un **héritage** *n.m.* heritage, history
un(e) **Hindou(e)** *n.m.,f.* Hindu, a follower of Hinduism, the main religion of India; **hindou(e)** *adj.* pertaining to Hindus or Hinduism
un **hippopotame** *n.m.* hippopotamus
l'**histoire** *n.f.* history; une **histoire** *n.f.* story
l'**hiver** *n.m.* winter; **en hiver** *exp.* in winter
un **homard** *n.m.* lobster
hôtelier, hôtelière *adj.* relating to hotel

l'**humeur** *n.f.* mood; **être de bonne humeur** *exp.* to be in a good mood; **être de mauvaise humeur** *exp.* to be in a bad mood
l'**huile** *n.f.* oil

I

idéaliste *adj.* having high ideals and acting according to them
il faut... *exp.* you/one must...
il ne faut pas... *exp.* you/one must not...
une **île** *n.f.* island
l'**Île-du-Prince-Édouard** *n.f.* Prince Edward Island (P.E.I.)
illuminer *v.* to light up
incroyable *adj.* incredible
un **indice** *n.m.* clue
indiquer *v.* to indicate
un(e) **infographiste** *n.m.,f.* graphic designer
s'**informer** *v.* to learn about
un **ingrédient** *n.m.* ingredient
inoubliable *adj.* unforgettable
instinctif, instinctive *adj.* instinctive
intellectuel(le) *adj.* intellectual
introduire *v.* to introduce

J

jamais *adv.* never; **Jamais de la vie!** *exp.* Not on your life!
le **jambon** *n.m.* ham
janvier *n.m.* January
jaunir *v.* to yellow (as in teeth, nails, skin, etc.)
un **jeu** *n.m.* game
un **jeu vidéo** *n.m.* video game
des **jeux électroniques** *n.m.pl.* video games

la **joie de vivre** *loc.* love for life
un(e) **jongleur, jongleuse** *n.m.,f.* juggler
jouer (au soccer) *v.* to play (soccer); un **jouet** *n.m.* a toy
jouer un rôle *exp.* to play a role
un(e) **Juif, Juive** *n.m., f.* Jew, person whose religion is Judaism; **juif, juive** *adj.* pertaining to Jewish people

L

un **lac** *n.m.* lake
laisser *v.* to leave
le **lait** *n.m.* milk
lancer *v.* to launch
une **langouste** *n.f.* crayfish
un **lapin** *n.m.* rabbit
les **Laurentides** *n.f.pl.* the Laurentians (mountains)
légèrement *adv.* lightly
lentement *adv.* slowly
une **lentille** *n.f.* lentil
un **léopard** *n.m.* leopard
se **lever** *v.* to get up
le **Liban** *n.m.* Lebanon
libre *adj.* free
un **lieu** *n.m.* location, place, spot; **avoir lieu** *loc. verbale* to take place
une **ligne courbe** *n.f.* curved line
une **ligne droite** *n.f.* straight line
une **ligne ondulée** *n.f.* wavy line
une **livre** *n.f.* a pound
loin de *adv.* far from
un **loup** *n.m.* wolf
une **lumière** *n.f.* light
la **lutte** *n.f.* wrestling

M

le **magasinage** *n.m.* shopping; **aller magasiner** *v.* to go shopping

la **magie** *n.f.* magic

magnifique *adj.* magnificent

mais *conj.* but

le **maïs** *n.m.* corn; le **maïs éclaté** *n.m.* popcorn

Mais voyons! *exp.* Oh, come on!, Oh, come now!

majestueux, majestueuse *adj.* majestic

une **maladie** *n.f.* illness, sickness

maladroit(e) *adj.* not very skilled

manger *v.* to eat

un **mannequin** *n.m.* model

manquer *v.* to miss (something)

le **maquillage** *n.m.* makeup

la **marchandise** *n.f.* merchandise (in a store)

un **marché** *n.m.* market

le **Maroc** *n.m.* Morocco

marquer *v.* to mark

un **marqueur** *n.m.* marker (as in colour felt pen)

une **mascotte** *n.f.* mascot, an object, person or animal that symbolizes a festival

un **masque** *n.m.* mask

la **maternelle** *n.f.* kindergarten

une **matière** *n.f.* subject

les **matières** *n.f.pl.* material(s)

les **mauvais esprits** *n.m.pl.* evil spirits

meilleur(e) *adj.* best

un **mélange** *n.m.* a mixture; **mélanger** *v.* to mix

un **message d'intérêt public** *n.m.* public service announcement

la **messe** *n.f.* mass, ceremony of the Catholic Church

une **métamorphose** *n.f.* transformation

mettre *v.* to put, to place

la **Mi-Carême** *n.f.* Mid-Lent, the middle of the religious celebration of Lent

mieux *adv.* better; **son mieux** *n.m.* one's best; **faire de son mieux** *loc. verbale* to do one's best

mijoter *v.* to simmer

le **minuit** *n.m.* midnight

la **mise en page** *n.f.* page layout

une **mission** *n.f.* mission; une **mission spatiale** *n.f.* space mission

un **mixeur** *n.m.* electric mixer

moche *adj.* ugly, unattractive

la **mode** *n.f.* fashion

un **modèle** *n.m.* role model, small-scale model (airplane, car, etc.)

modéré(e) *adj.* keeping within proper bounds, not extreme

moins *adv.* less

la **moisson** *n.f.* harvest

Mon œil! *exp.* Yeah, right!

le **monde** *n.m.* world; **mondial(e)** *adj.* worldwide

un **mont** *n.m.* mount (as in Mount Tremblant)

les **montagnes** *n.f.pl.* mountains; les **montagnes russes** *n.f.pl.* roller coaster

une **montgolfière** *n.f.* hot air balloon

un **morceau** *n.m.* a piece

un(e) **mordu(e)** *n.m.,f.* fan, buff (as in sports fan)

un **mordu du sport** *n.m.* sports fan

une **moto** (motocyclette) *n.f.* motorcycle

une **moto de piste** *n.f.* dirt bike

la **motoneige** *n.f.* snowmobiling

des **mots-clés** *n.m.pl.* key words

mou, molle *adj.* soft

un **moule** *n.m.* pan

mourir *v.* to die

la **moutarde** *n.f.* mustard

moyen, moyenne *adj.* medium (size)

multicolore *adj.* multicoloured

musicien(ne) *n.m., f.* musician

N

nager *v.* to swim

la **natation** *n.f.* swimming

une **navette** *n.f.* shuttle

naviguer (sur Internet) *v.* to surf (the Net)

la **nécessité** *n.f.* need

neiger *v.* to snow

une **noix** *n.f.* nut

le **nord** *n.m.* north

une **nouille** *n.f.* noodle

la **nourriture** *n.f.* food

nouveau (nouvel), nouvelle *adj.* new

le **Nouveau-Brunswick** *n.m.* New Brunswick

le **Nouvel An** *n.m.* New Year

la **Nouvelle-Écosse** *n.f.* Nova Scotia

la **Nouvelle-Orléans** *n.f.* New Orleans

numérique *adj.* digital (camera)

O

obéissant(e) *adj.* obedient

s'occuper *v.* to look after

un **œil** *n.m.* eye

un **œuf** *n.m.* egg

une **offre** *n.f.* offer

un **oignon** *n.m.* onion

ondulé(e) *adj.* wavy

l'**or** *n.m.* gold

où *adv., pron.* where

l'**ouest** *adj. inv., n.m.* west

ouvert(e) *adj.* open

ouvrir *v.* to open

P

un(e) **pacifiste** *adj.; n.m.f.* pacifist, a supporter of peace

le **pain** *n.m.* bread

la **paix** *n.f.* peace

le **papier** *n.m.* paper; une **feuille de papier** *n.f.* sheet of paper; le **papier mâché** *n.m.* modelling material used for art

par-dessus *loc. prép.* over the top (of)

le **Parlement** *n.m.* Parliament

partager *v.* to share

partir *v.* to leave

partout *adv.* all over, everywhere

Pas question! *exp.* No way!

un **passe-temps** *n.m.* hobby

passé de mode *exp.* out of fashion, no longer "in"

se **passer** *v.* to happen

une **patate douce** *n.f.* sweet potato

une **pâte** *n.f.* pastry, dough

un **pâté** *n.m.* meat spread

le **patinage** *n.m.* skating

des **patins à roues alignées** *n.m.pl.* roller blades

un **pays** *n.m.* country; **pays d'origine** *n.m.* home country

un **paysage** *n.m.* landscape, scenery

la **peau** *n.f.* skin

la **pêche** *n.f.* fishing; la **pêche blanche** *n.f.* ice fishing; la **pêche en haute mer** *n.f.* deep-sea fishing

la **peinture** *n.f.* paint

peler *v.* to peel

pendant *prép.* while, during

pendant(e) *adj.* hanging, dangling

perdre *v.* to lose; **perdre la tête** *exp.* to be out of one's mind

un **personnage** *n.m.* character, individual

persuasif, persuasive *adj.* persuasive; la **persuasion publique** *exp.* public persuasion, influence

une **perte de temps** *exp.* waste of time

peser le pour et le contre *exp.* to weigh the pros and the cons

un **peuple** *n.m.* group of people, population

peut-être *adv.* maybe, possibly

un(e) **pilote d'avion** *n.m.f.* airplane pilot

un **pinceau** *n.m.* paintbrush; un **pinceau à pâtisserie** *n.m.* pastry brush

pincer *v.* to pinch

un **pique-nique** *n.m.* picnic

piquer *v.* to steal

la **plage** *n.f.* beach

la **planche à roulettes** *n.f.* skateboard

la **planche à voile** *n.f.* windsurfing

planifier *v.* to plan

un **plat** *n.m.* dish (food)

une **place** *n.f.* square (public)

une **plage** *n.f.* beach

plein(e) de *adj.* full of

la **plongée sous-marine** *n.f.* underwater diving

la **pluie** *n.f.* rain

plutôt *adv.* rather

un **pois** *n.m.* pea

le **poivre** *n.m.* pepper

une **pomme de terre** *n.f.* potato

un **poulet** *n.m.* chicken

les **poumons** *n.m.pl.* lungs

pourquoi *adv.* why

Pourquoi pas! *exp.* Why not!

premièrement *adv.* firstly

prendre *v.* to take; **prendre des risques** *exp.* to take risks

prendre quelqu'un pour modèle *loc. verbale* to model yourself after someone, to emulate someone

près de *adv.* close to

la **pression** *n.f.* pressure; la **pression des camarades** *n.f.* peer pressure

un **principe** *n.m.* principle

le **printemps** *n.m.* spring (the season)

un **problème** *n.m.* problem

un **procédé** *n.m.* procedure

les **produits chimiques** *n.m.pl.* chemicals

un **profil** *n.m.* profile

une **promenade** *n.f.* walk (on foot); **faire une promenade** *exp.* to go for a walk; une **promenade à dos de chameau** *exp.* camel ride promener *v.* to walk with (something); se **promener** *v.* to walk, to go for a walk

une **proposition** *n.f.* proposition, offer

une **province** *n.f.* province; une **province d'origine** *n.f.* home province

Q

un **quartier** *n.m.* neighbourhood

le **quatre-épices** *n.m.* allspice

quelquefois *adv.* sometimes

quelqu'un *pron.* someone, somebody

R

raconter *v.* to tell (a joke), to tell the story (of something, someone)

un **rallye** *n.m.* rally

une **randonnée** *n.f.* excursion, hiking

le **rang** *n.m.* ranking

une **raquette (à neige)** *n.f.* snowshoe; **faire de la raquette** *loc. verbale* to go snowshoeing

un **rayon** *n.m.* ray, beam (of sunlight)

réaliser *v.* to produce

une **recette** *n.f.* recipe

une **récolte** *n.f.* harvest

recouvrir *v.* to cover (well)

réduire *v.* to reduce

réfléchir *v.* to reflect, to think

refroidir *v.* to cool

remercier *v.* to thank

remuer *v.* to stir

se **rencontrer** *v.* to meet

rendre visite à *loc. verbale* to visit (someone)

un **repas** *n.m.* meal

résister *v.* to resist

ressembler à *v.* to resemble

réunir *v.* to reunite

réussir *v.* to succeed

un **rêve** *n.m.* dream; **rêver** *v.* to dream

le **Réveillon** *n.m.* Christmas Eve dinner (Québec)

les **rides** *n.f.pl.* wrinkles

une **rivière** *n.f.* river

le **riz** *n.m.* rice

les **Rocheuses** *n.f.pl.* the Rockies (mountains)

un **roman** *n.m.* novel

rond(e) *adj.* round

un **rouleau** *n.m.* rolling pin

rusé(e) *adj.* cunning

le **rythme** *n.m.* rhythm

S

sans *prép.* without

la **santé** *n.f.* health

sauvage *adj.* wild

une **saveur** *n.f.* taste

une **saynète** *n.f.* skit, dramatization

sceller *v.* to seal

un **scénario-maquette** *n.m.* storyboard

un(e) **scientifique** *n.m.,f.* scientist

le **séchage des cours** *n.m.* skipping/cutting class, playing hooky

seizième *num.* sixteenth

le **sel** *n.m.* salt

semblable *adj.* similar

le **Sénégal** *n.m.* Senegal

un **sens de l'humour** *n.m.* sense of humour

sensible *adj.* sensitive

sentir (comme) *v.* to smell like

servir *v.* to serve

s'il vous plaît *exp.* please

un **siècle** *n.m.* century

le **sirop** *n.m.* syrup

le **ski alpin** *n.m.* downhill skiing

le **ski de fond** *n.m.* cross-country skiing

sois *v.* be

le **soleil** *n.m.* sun

un **sondage** *n.m.* survey

la **sortie** *n.f.* exit (from a building)

un **souper** *n.m.* dinner

des **sourcils** *n.m.pl.* eyebrows

souterrain(e) *adj.* underground

un **spectacle** *n.m.* show, performance

un **spectateur** *n.m.* spectator

sportif, sportive *adj.* athletic

un **sport d'hiver** *n.m.* winter sport

une **station** *n.f.* station; une **station spatiale** *n.f.* space station

un **succès** *n.m.* success

le **sucre** *n.m.* sugar; **sucrer** *v.* to sweeten with sugar; le **sucre glacé** *n.m.* icing sugar

le **sud** *adj. inv., n.m.* south

sud-américain(e) *adj.* South American

la **Suisse** *n.f.* Switzerland

suivre *v.* to follow (something or someone)

supérieur(e) *adj.* upper

le **supermarché** *n.m.* supermarket

sur *prép.* on

sûr(e) *adj.* sure, confident; **sûr de lui-même / sûre d'elle même** *exp.* sure of himself / herself; **bien sûr** *exp.* certainly, of course

surnommé(e) *adj.* called, known as

le **système digestif** *n.m.* digestive system

T

une **tarte** *n.f.* pie, tart; une
    tarte au sucre *n.f.* sugar pie
une **tasse** *n.f.* cup
le **temps** *n.m.* time; **de temps
    à autre** *loc. adv.* from time
    to time; le **temps libre** *n.m.*
    spare time
un **témoignage** *n.m.*
    testimony
terminer *v.* to finish
    (something)
la **terre** *n.f.* ground, earth
Terre-Neuve *n.f.*
    Newfoundland
les **Territoires du Nord-Ouest**
    n.m.pl. Northwest
    Territories
tiédir *v.* to cool (down)
la **tolérance** *n.f.* tolerance
le **tour** *n.m.* turn (as in
    someone's turn), tour (of a
    place)
une **tour** *n.f.* tower (as in CN
    Tower)
touristique *adj.* tourist, travel
un **tournesol** *n.m.* sunflower
une **tourtière** *n.f.* French-
    Canadian meat pie
le **traîneau à chiens** *n.m.* dog
    sled, dog sledding

une **tranche** *n.f.* slice; **trancher**
    v. to slice
travailleur, travailleuse *adj.*
    hard-working
traverser *v.* to cross
tremper *v.* to dip (into liquid)
une **tribu** *n.f.* tribe
une **tribune** *n.f.* forum
un **trou** *n.m.* hole
se **trouver** *v.* to be, to be
    situated, located
une **truffe** *n.f.* truffle, a kind
    of mushroom that is
    considered a culinary
    delicacy

V

des **vacances** *n.f.pl.* holiday
une **vallée** *n.f.* valley
Vas-y! *loc. verbale* Go ahead!
le **veau** *n.m.* veal
une **vedette** *n.f.* star (of a
    show or as in movie star)
la **veille** *n.f.* night before, eve;
    la **veille de Noël** *n.f.*
    Christmas Eve
un **vélo** *n.m.* bicycle; le **vélo
    de montagne** *n.m.*
    mountain biking; **faire du
    vélo** *loc. verbale* to ride a
    bike

vendre *v.* to sell
vénitien, vénitienne *adj.*
    Venetian
vérifier *v.* to verify, to check
verser *v.* to pour
la **viande** *n.f.* meat
le **visage** *n.m.* face
la **vision** *n.f.* sight; **visionner**
    v. to look at, to view
la **voile** *n.f.* sailing; **faire de la
    voile** *loc. verbale* to sail; un
    voilier *n.m.* sailboat
voir la vie en rose *exp.* to see
    life through rose-tinted
    glasses
une **voiture de sport** *n.f.*
    sports car
la **voix** *n.f.* voice
à **voix basse** *exp.* quietly,
    softly
à **voix haute** *exp.* out loud
le **vol à l'étalage** *n.m.*
    shoplifting
voler *v.* to steal
vouloir *v.* to want; **vouloir
    dire** *v.* to mean
un **voyage** *n.m.* trip; **voyager**
    v. to travel

Y

les **yeux** *n.m.pl.* eyes

Index : Langue express

Références

Illustrations

pp. 38–39, 42–43 : Michael Cho; pp. 52–53 : Cindy Jeftovic; pp. 59, 76, 130 : Monica Plant; pp. 104–105 : Deborah Crowle; pp. 108–109, 116–117, 121 : Paul Gilligan; p. 110 : Le Conseil Québécois du Commerce de Détail (1); pp. 112–113 : Steve Attoe; p. 117 : Le Conseil Québécois du Commerce de Détail - Conception graphique : Linda Rousseau (D); p. 119 : Le Centre Option-Prévention T.V.D.S. - Conception graphique : Michel Tassé (B), Paul McCusker (D); pp. 122–124 : Don Gauthier; p. 132 : Yohann Morin; p. 133 : (graphiques) données de Santé Canada et Service prévention-information, France; pp. 138–139, 146–147, 148–149, 150 : Dianne Eastman

Photographie

pp. 7 (au milieu), 10–11, 12 (la fille à droite), 14–15, 19 (G), 20–21, 24–25, 26, 29, 32–33, 44–45, 50–51, 55 (bas), 59, 60 (A, B), 61 (D), 66 (en haut à gauche, milieu, bas), 67, 70, 72 (en haut à gauche), 74 (2), 75 (4), 76, 77 (bas), 84–85, 86–87, 94, 102–103, 107, 110–111, 116–117, 119, 120–121, 128–129, 130–131, 133, 135, 137, 138 (2), 140 (A), 146–147, 152–153, 154, 155, 156–157; images de la vidéo – pp. 40–41, 72–73, 77 : Doug Karr – Human Scale Productions; pp. 56 (A), 77 (haut) : Brigitte Balle; p. 68 : Alene McNeill; images de la vidéo - pp. 125, 126–127, 131 (haut) : Marie-Bernadette Villemaire et Mark Karbusicky

Photos

p. 6 : Dennis O'Clair/Getty Images; p. 7 : Anthony Redpath/CORBIS/MAGMA (à gauche), Craig Hammell/CORBIS/MAGMA (à droite); pp. 8, 12, 14, 16–17, 18, 20, 21, 22, 23, 24 : Hiroshi Yoshii/Photodisc; p. 8 : Grant Faint/The Image Bank/Getty Images (A); pp. 8–9 : Duomo/CORBIS/MAGMA (B); p. 8 : Tim Frawley/Foodpix/Getty Images (C); p. 9 : Pete Saloutos/CORBIS (D), Steve Mason/Photodisc (E), Anthony Redpath/CORBIS/MAGMA (F); p. 12 : Steve Mason/Photodisc (A), LWA-Dann Tardif/CORBIS/MAGMA (B), Comstock Images (en bas);

p. 13 : CORBIS/MAGMA (C), Stewart Tilger/CORBIS/MAGMA (D), Cydney Conger/CORBIS/MAGMA (E), Amos Morgan/Photodisc (le garçon à gauche), Comstock Images (le garçon à droite); p. 14 : John Lamb/Stone Getty Images (le garçon); p. 15 : Rubberball Productions/Getty Images (la fille à gauche), Rubberball Productions/Getty Images (la fille à droite); pp. 16, 22 : Robert Brünz/Photodisc pp. 16, 22 : Photodisc; p. 16 : Howard Sokol/MaXx Images Inc. (à gauche), Jeff Greenberg/MaXx Images Inc. (en haut à droite), Pierre-Paul Poulin/MAGMA (en bas à droite); p. 17 : Peter Ardito/MaXx Images Inc. (en haut), Paul Illsley (en bas); p. 18 : Donna Day/Stone/Getty Images (A), Graham French/Masterfile (D); p. 19 : SW Productions/Photodisc (B), Carl Schneider/Taxi/Getty Images (C), Dennis Galante/Stone/Getty Images (E), Stephen Simpson/Taxi/Getty Images (F); p. 20 : Hulton-Deutsch Collection/CORBIS/MAGMA (A), Dave Robertson/Masterfile (B); p. 21 : NASA Media Resource Center (C), ATABOY/The Image Bank/Getty Images; p. 22 : Corel (en haut), Photodisc (au milieu), Corel (en bas); p. 23 : Stockbyte, CORBIS/MAGMA, Corel; p. 26 : Photodisc; p. 27 : Everett Collection/MAGMA, Gouvernement du Canada; p. 28 : © Omni Photo Communications Inc./Index Stock Imagery; p. 30 : Stone/Getty Images (A), David Young-Wolff/PhotoEdit (B); p. 31 : Ottmar Beirwagen/Ivy Images (C), Richard Lord/The Image Works (D), David Young-Wolff/PhotoEdit (F); p. 33 : (haut) Alain Dumas/Alain Dumas Photographe; p. 34 : Felicia Martinez/PhotoEdit (A), David Young-Wolff/PhotoEdit (B), p. 35 : © Owen Franken/CORBIS/MAGMA (C), Bill Lowry/Ivy Images (D), © Tom Stewart/CORBIS/MAGMA (E); p. 36 : (haut) © Bettman/CORBIS/MAGMA, (bas) Peter Bregg/CP Picture Archive; p. 37 : (haut) François Roy/CP Picture Archive, (bas) Tom Hanson/CP Picture Archive; p. 44 : Digital Vision (A); p. 45 : Alain Dumas/Alain Dumas Photographe (B), (haut) United States of America/Lee Foster/Lonely Planet Images (C), (bas) © Robert Holmes/CORBIS/MAGMA (C); p. 46 : D. Trask/Ivy Images (A), Alain Dumas/Alain Dumas Photographe (B), Jonathan Hayward/CP Picture Archive (C), James Shaffer/PhotoEdit (D); p. 48 : © William Boyce/CORBIS/MAGMA; p. 49 : Patrick Hertzog/AFP/Getty Images; p. 52 : (milieu) UNESCO, France for reproducing the poster by

North Carolina Museum of Art/CORBIS (B), Rosie Grace/ LeMoine Development Association/L'Acadie Masque (C), Adam Woolfitt/CORBIS (D); p. 144 : Canadian Museum of Civilization/CORBIS (E), Ed Bohon/ CORBIS (F), Charles & Josette Lenars/ CORBIS (G); p. 145 : Philadelphia Museum of Art/ CORBIS (A), The Image Bank (B), Lindsay Hebberd/ CORBIS (C); p. 146 : Steve Skjold/ skjoldphotographs.com; p. 147 : Maclean's Photo/ Phill Snel (Cirque du Soleil), CORBIS (Marcel Marceau), CP PHOTO/The Hamilton Spectator – Scott Gardner (KISS), DC Comics/Warner/MPTV (Catwoman), Robert Eric/CORBIS Sygma (Fantôme de l'Opéra); p. 151 : Getty Images/Taxi (A), Bohemian Nomad Picturemakers/CORBIS (B); pp. 152, 156 : Television with Face/Hiroshi Yoshii/Photodisc Green; p. 158 : (en haut à gauche) Broadway Lights/Phillip Dvorak/Photodisc Green, Leonard de Selva/CORBIS, Philadelphia Museum of Art/ CORBIS, CP PHOTO – Ottawa Citizen – Wayne Cuddington, The Image Bank, Getty Images/Stone, Bohemian Nomad Picturemakers/CORBIS, Jonas Justavsson Photography, Robert Eric/CORBIS Sygma, Maclean's Photo/Phill Snel, DC Comics/Warner/ MPTV, CORBIS, CP PHOTO – The Hamilton Spectator – Scott Gardner

Chansons

Une photo de toi de Nicole Martin, paroles : Gilles Brown; *Salut, mes amis!* – Paroles par Michèle Bourdeau © 2004, Musique par France Gauthier – Les productions Hara; *La tourtière* par La Bottine Souriante, La Mistrine, © 1994, Les Productions Mille-Pattes, Distribution : EMI Music Canada; *La Francophonie* par Sonic Creations, LLC, Oh là là!, © 1999; *Faut pas craquer* par RudeLuck, 1993 Art Com Music Inc., © Janvier Musique et Kennebec Musique; *Au bal masqué* - par La compagnie créole, Paroles et Musique : Daniel Vangarde, Jean Kluger, © 1984 Éditions Bleu blanc rouge

Remerciements

Nous aimerions remercier Michael Salvatori et Alex Li.

Pearson Education Canada tient à remercier les élèves de la classe de Susan Howell : David Lee et Eric Cheung (l'école secondaire Johnston Heights du conseil scolaire district n° 36 à Surrey, en Colombie-Britannique).

Un merci spécial à l'acteur canadien Marcel St. Pierre.

Un grand merci à la classe de 9e anneé (2002 / 2003) de Shelley Maximitch-Johnston de l'école secondaire Abbotsford et merci à Sara Boncore-Crone.

Pearson Education Canada tient à remercier les nombreux enseignants et enseignantes qui ont participé à notre projet de révisions éditoriales.

Les éditeurs ont tenté de retrouver les propriétaires des droits d'auteurs de tout le matériel dont ils se sont servis. Ils accepteront avec plaisir toute information qui leur permettra de corriger les erreurs de référence ou d'attribution.